银行行业授信方案培训②

（能源篇）

立金银行培训中心　著

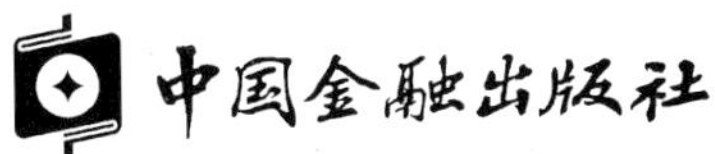

责任编辑：贾　真
责任校对：刘　明
责任印制：丁淮宾

图书在版编目（CIP）数据

银行行业授信方案培训②，（能源篇）（Yinhang Hangye Shouxin Fang'an Peixun ②，（Nengyuanpian））/立金银行培训中心著.—北京：中国金融出版社，2012.7
ISBN 978－7－5049－6403－8

Ⅰ.①银…　Ⅱ.①立…　Ⅲ.①商业银行—存款—研究　Ⅳ.①F830.48

中国版本图书馆CIP数据核字（2012）第104630号

出版发行　中国金融出版社
社址　北京市丰台区益泽路2号
市场开发部　（010）63266347，63805472，63439533（传真）
网上书店　http://www.chinafph.com
（010）63286832，63365686（传真）
读者服务部　（010）66070833，62568380
邮编　100071
经销　新华书店
印刷　北京松源印刷有限公司
装订　平阳装订厂
尺寸　169毫米×239毫米
印张　13.25
插页　4
字数　218千
版次　2012年7月第1版
印次　2012年7月第1次印刷
定价　36.00元
ISBN 978－7－5049－6403－8/F.5963

立金银行培训教材编写委员会

主　　　编：陈立金　云晓晨

副　主　编：马翠微　翟　丽　余　杨
　　　　　　王声芳

编写成员：索　莉　张的用　白　彭
　　　　　　赵　辉　魏中华　胡丽云
　　　　　　邢　意

立金银行风采

北京立金银行培训中心为东亚银行进行第一次对公业务培训

北京立金银行培训中心为招商银行进行票据业务营销技巧与票据促存款增长培训

北京立金银行培训中心为营口银行哈尔滨分行进行供应链融资培训

北京立金银行培训中心为中国邮政储蓄银行包头分行进行信贷业务培训

北京立金银行培训中为大连银行进行公司业务转型培训

感言：

经过参加北京立金银行培训中心的课程，我对产品有了新的认识，开拓客户的思路也发生了明显的变化，使存款大幅增长，很感谢北京立金银行培训中心的老师们……（来自东亚银行的感言）

前　言

如何成为优秀商业银行客户经理

本书将告诉你银行营销存款的诀窍。营销存款根本不难，关键在于方法。掌握正确的方法，加上勤奋，你会很快打开局面。

我们经常去各地银行给客户经理培训，在这里我们总结出成就优秀客户经理的四个关键点，希望各位银行从业人员牢记。

一、设计出需要的存款

企业存款不是拉来的，是设计出来的。拉存款很难，你想想，客户在其他银行有存款，你非得拉过来，需要跟另一家银行正面竞争，需要投入多少费用？至少你要超过另一家银行，才可能拉来存款吧，否则客户凭什么将存款搬家！现在各家银行都不是软柿子，费用相差无几，不会任你胡乱抢客户。

企业存款是设计出来的，通过设计金融服务方案，在帮助企业赚钱的同时，银行获得存款。比如，通过票据的组合操作，通过票据与信托计划的组合，通过多种金融工具的交叉组合销售，存款自然就来了。本书将告诉你设计存款的技巧，这种方式设计出来的存款，属于"绿色存款"，酒精含量很低，而且基本没有费用投入，成本很低。

客户经理没有必要整天陪着客户，天天喝大酒，这不应当是客户经理的生活。

二、吸收运动中的存款

资金对企业而言是一种资本，资本是在运动过程中实现增值的。银行最希望企业将资金静静地放在本家银行，金额越大越好，期限越长越好，最好还是活期存款的形式，企业最好还不要使用。你想想，这可能吗，这明显违反常理，如果你是企业的法人代表，你会这样做吗？

银行应当是帮助企业做生意，完成商务交易，企业赚钱的同时，银行获得了希望的存款沉淀等，成为客户的“主要服务银行”，银行用尽可能多的产品“拉住”客户，相对降低银行的成本，做大客户的“钱包”，银行自己的“钱包”自然就大了。

银行现在应该提供“客户商务交易的融资解决方案”，绝不仅是单一标准化授信产品提供，方案的最大好处在于实现银行信贷产品完整嵌入客户的商务产业链。

客户经理没有必要整天围着客户老总转，琢磨客户老总的喜好，而应当是认真研究透客户的商务经营规律。能帮助客户赚钱，客户就会围着你转。客户离不开你，你是客户的上帝。

三、主导银企的合作

设计银企合作的思路，首先考虑银行的利益，银行希望获得什么，其次才是企业的利益，企业需要什么。记住，我们是在给银行打工，给银行赚钱是天经地义的事情。

很多项目，看似很好，但是总分行就是不批准，这是客户经理设计金融服务方案的时候没有考虑到银行的利益，整个方案银行投入资源过多，但是赚头太少。客户经理应当记住：一个项目要想成功必须满足“开心、放心”两个原则，“开心”就是银行提供的授信服务方案必须让你的上级机构感觉赚到了钱，银行愿意向客户销售产品；“放心”就是银行对借款人使用银行信贷资金用途很清楚，对企业的经营能力很清楚，认为项目是安全的，只有这样项目才能成功。

客户经理必须有极强的驾驭能力，在与客户建立合作关系之初，就应非常了解客户，占据有利位置，牢牢把握住合作的主动权，让客户按照你的意图行动。学会驾驭客户、控制客户，银行才能步步为赢，不断进行深入交叉销售。控制客户，无论合作关系多久，无论是大客户还是小客户，失去控制，信贷客户可能出现不良，存款客户可能丢失。

如《孙子兵法》云，要“制人而不制于人”，只有客户处处受制于我，而我却不受制于客户，才能真正拥有合作的主动权。对于信贷客户，这条原则非常重要。

四、创造出企业的需求

在营销过程中，不能总是等待客户主动向银行提出需求，应当启发客户的潜在需求，使客户了解到通过接受银行新产品和服务方案可以获得其还没有意识到的收益，解决尚未解决的困难。

现在的金融工具较为复杂，产品门类较多，客户不会知道银行有什么样的工具，工具有哪些突出的效果。客户经理应当认真研究客户的经营规律，定位银行产品的切入点，提出创新型的金融服务方案。有时，不同银行产品的重新排列组合，就是创新，就能给客户带来切实的价值。与其说银行在融资、融信，不如说银行在融智。

本书为广大银行客户经理提供全景式案例金融服务方案，充分展现现代商业银行“设计存款，吸收运动中存款，主导销售，创造需求”的新颖银行营销思路。

在这里，再次谢谢各位银行同仁的关爱。

陈立金

目　　录

第一篇

煤贸企业经典授信方案

煤炭行业全景及重点目标客户群体

煤炭行业核心企业特征明显，上游、下游产业链清晰，适合进行供应链营销。客户经理应当认真研究煤炭行业，非常具备开发价值。

产业链全景图

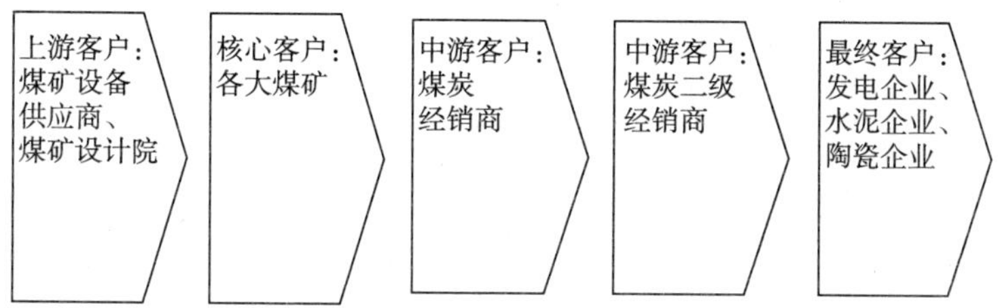

银行的利润来源在于中小型煤矿，而非特大型的煤矿集团。特大型的煤矿集团对银行议价能力过强，银行赚取利润的机会极少。中小煤矿不见得风险就大，关键在于控制。

一、上游客户：煤矿设备供应商

知名客户：煤矿机械装备有限责任公司、煤矿工程机械装备有限责任公司、郑州煤矿机械集团股份有限公司等。

煤炭供应链上游企业主要包括煤矿设备供应商、煤矿设计院，对于该类客户群体，授信营销目标为与煤矿企业具有长期、稳定供货关系的供应商。

煤炭设备安装企业：选择资质等级高、从业时间长、股东实力强的企业；融资方案应以对银行认可的设备企业进行设备安装保理融资为主。

重要的风险缓释措施主要指对核心企业应收账款债权的转让与回款资金流的控制。

鉴于煤矿企业强势地位，一般采取延期付款结算方式，煤矿设备供应商存在融资需要。

煤炭行业中，炼煤企业处于供应链核心地位，供应链营销重点应围绕核心煤炭制造企业开展，该核心企业应属于特大型客户标准。

煤炭行业知名客户：

郑州煤矿机械集团股份有限公司、三一重型装备有限公司、中煤张家口煤矿机械有限责任公司、中煤北京煤矿机械有限责任公司、长治清华机械厂、平顶山煤矿机械有限责任公司、四川神坤装备股份有限公司、宁夏天地奔牛实业集团有限公司、山东天晟煤矿装备有限公司、山东矿机集团有限公司、山西平阳重工机械有限责任公司、郑州四维机电设备制造有限公司、中信重型机械公司、煤科总院山西煤机装备有限公司、重庆大江信达车辆股份有限公司、佳木斯煤矿机械有限公司、兖矿集团有限公司机电设备制造厂、山西煤矿机械制造有限责任公司、太原矿山机器集团有限公司、西北煤矿机械有限公司、晋城金鼎煤机产业发展有限公司、上海创力矿山设备有限公司、石家庄煤矿机械有限责任公司、唐山开滦铁拓重机公司、抚顺煤矿电机制造有限公司、西安煤矿机械有限公司、徐州华东机械厂、河北天择重型机械有限公司、鸡西煤矿机械有限公司、淮南舜立机械有限责任公司、兖矿集团大陆机械有限公司、河南万合机械有限公司、三一西北骏马电机制造股份公司、山西焦煤集团西山机电总厂、山东新煤机械有限公司、山东莱芜煤矿机械有限公司、山西忻州通用机械有限责任公司、浙江衢州煤矿机械总厂有限公司、大同煤矿集团有限公司中央机厂、山东泰安煤矿机械有限公司、淄博先河机电有限责任公司、安徽攀登机械股份有限公司、山西汾西矿业（集团）设备修造厂、霍州煤电集团公司机电修配分公司、淮南长壁煤矿机械有限责任公司、鹤壁市豫兴煤机有限公司、河南焦作神华重型机械有限公司、内蒙古北方重工工程机械公司、中煤邯郸煤矿机械有限责任公司、徐州煤矿机械厂。

二、核心煤矿客户

山西焦煤集团有限责任公司、山西汾西矿业（集团）有限责任公司、霍州煤电集团有限责任公司、潞安矿业（集团）有限责任公司、大同煤矿集团有限责任公司、阳泉煤业（集团）有限责任公司、晋城无烟煤矿业集团有限公司、煤炭运销集团有限公司、煤炭进出口集团有限公司、神华集团有限责任公司、中国中煤能源集团公司、北京京煤集团有限责任公司、郑州煤炭工业集团有限责任公司、平顶山煤业集团有限责任公司、鹤壁煤业（集团）有限责任公司、河南神火集团有限公司、永煤集团、义马煤业集团、新密至商丘煤炭专用线、河南省地方煤矿有限公司、煤炭工业郑州设计研究院有限公司、河南省煤炭建设集团有限公司、兰花集团有限公司、山西省煤炭进出口总公司、大同煤矿集团有限责任公司、潞安煤矿集团有限责任公司、山西煤炭运销总公司、济宁矿业集团有限公司、新汶矿业集团有限公司、龙矿集团、枣庄矿业集团、兖矿集团有限公司、淮南矿业（集团）有限责任公司、皖北煤电集团、淮北矿业（集团）有限责任公司、河北金牛能源集团有限责任公司、开滦（集团）有限责任公司、徐州矿务集团公司、龙煤煤炭矿业集团有限责任公司、阜新煤业集团有限责任公司、沈阳煤业集团有限责任公司、陕西国华锦界能源有限责任公司、兖州煤业榆林能化有限公司、陕西煤业化工集团有限责任公司、陕西煤业集团有限责任公司、云南东源煤业集团公司、福建省煤炭工业集团公司、浙江省电力燃料有限公司、四川省煤矿产业集团有限责任公司、新汶矿业集团（伊犁）能源开发有限责任公司、重庆煤炭集团。

三、对中国煤炭行业的认识

山西、鄂尔多斯盆地、内蒙古东部地区、西南地区和新疆是国家五大综合能源基地。中国煤炭资源多集中在山西、陕西及内蒙古西部，而用煤“大户”则集中在华东、华南地区，“西煤东运”、“北煤南运”是中国的经济现象。

我国“西煤东运”、“北煤南运”主要集中在两条通道，即大秦线（山西大同—河北秦皇岛港）和朔黄线（山西神池—河北黄骅港）。迁曹铁路从中国煤炭运输专线—大秦铁路迁安接轨，实现曹妃甸港、京唐港两大港口与大秦、京秦、京山（北京至山海关）等国家铁路干线连接，成为港口连接内陆的纽带。该段铁路全长大约 200 公里，全线位于河北省境内，是北煤南运的重要通道。

煤炭产销分布格局决定华北地区，特别是山西、陕西北部和内蒙古西部煤炭，向华东和华南地区，主要是上海、江苏、浙江、福建、广东等省市运输。北煤南运运量大、运距长，主要采用铁路、海运和内河水路运输。京沪、京九、京广、焦枝等铁路、沿海、长江和京杭运河水路运输线都是北煤南运的主要线路。中国西部地区的煤炭向东部沿海地区运送。山西、陕西、内蒙古西部是煤炭生产基地，产量大、外运量多。“三西”煤炭东运主要由铁路运输，并且集中在北、中、南三大运输通道上。北通道有大秦、丰沙大、京原三条铁路，约承担西煤东运总运量的 55%，除供应京、津、冀地区外，大部分在秦皇岛港海运，并有一定数量运往东北地区。新建神木—黄骅铁路也是西煤东运的主要线路，煤炭在黄骅港转海运。中通道有石太铁路，约承担西煤东运总运量的25%，大部分经石德铁路转青岛港海运。南通道有太焦、邯长、侯月和南同蒲铁路，约承担西煤东运总运量的20%，经新菏兖日铁路从日照港转海运。

“三西”地区（山西、陕西、内蒙古西部）煤炭探明保有储量5 501亿多吨，占全国煤炭探明保有储量的55%，是国家煤炭重要产区和煤炭供应及出口基地。国家13个大型煤炭生产基地中，晋北、晋中、晋东、神东、陕北、黄陇和宁东7个在“三西”地区。“三西”地区是国内煤炭的主要调出区，所生产煤炭除本地区消费外，约有2/3供应各个缺煤省（区、市）。“三西”煤炭外运通道是国内北煤南运、西煤东运的最重要通道，由铁路、公路、海运、内河等几种运输方式共同组成：铁路运输由北、中、南三大通道组成；海运下水主要港口为秦皇岛、唐山、天津、黄骅、青岛、日照、连云港等港口，接卸港主要为华东、中南沿海各港口；长江、徐州—南京大运河也承担了相当数量的煤炭下水运输任务。

铁路煤炭外运通道现状。根据“三西”煤炭生产和消费由西向东、从北至南的流向，已形成了由大秦铁路、丰沙大铁路、京原铁路、集通铁路、朔黄铁路、石太铁路、邯长铁路、太焦铁路、侯月铁路、陇海铁路、西康铁路、宁西铁路等12条干线煤炭外运通道。通常，根据这些铁路通道的地理位置、煤炭来源和去向，将其分为“三西”煤炭外运北、中、南三大通道：北通道由大秦铁路、丰沙大铁路、京原铁路、集通铁路、神朔黄铁路组成；中通道由石太铁路和邯长铁路组成；南通道由太焦铁路、侯月铁路、陇海铁路、西康铁路和宁西铁路组成。“三西”煤运北通道以动力煤为主，主要运输晋北、陕北和神东煤炭生产基地至京津冀、华北、华东地区以及至秦皇岛、唐山、天津、黄骅等港口的煤炭，是“三西”煤炭外运的主要通道。中通道以焦煤和无烟煤为主，主要运输晋东、晋中煤炭生产基地至华东、中南地区以及至青岛港的煤炭。南通道以焦煤、肥煤和无烟煤为主，主要运输陕北、晋中、神东、黄陇和宁东煤炭生产基地至中南、华东地区以及至日照、连云港等港口的煤炭。与此相应，北方沿海煤炭下水港装船能力也高度集中在与北路通道配套的秦皇岛、天津、唐山、黄骅4个港，北路通道的煤炭下水港将继续承担更多的煤炭下水量，北路外运通道仍然是“三西”煤炭基地煤炭外运的主通道。

四、中游客户：煤炭经销商

融资需求：主要是煤炭销售回款之前的采购融资。

典型配套产品：银行针对煤炭批发商授信已经建立货押、保兑仓、厂商银等成熟模式，其中保兑仓模式下要求煤炭生产企业提供回购担保及仓储监管，其他模式下主要强调对销售煤炭的物权控制与监管。

煤炭供应链下游企业主要包括各级煤炭批发商，银行该类客户群体目标为煤炭企业分销网络中的一级经销商群体，货押及保兑仓等特定模式下，经销商范围可适当扩大。

全国知名大型煤炭贸易商：

中国秦发集团、内蒙古富宝源集团有限公司、中国铁路物资有限公司、邯郸市集贤物资有限公司、邯郸市永炜物资有限公司等。通常只要有火电企业的地方就有煤炭经销商。

煤炭货押客户多为中小型企业，主要分布在贵州兴义、云南曲靖、宣威地区；各煤炭货押客户主要包括原煤、洗精煤、焦炭销售，洗精煤、焦炭的生产销售，上游多为各地区煤矿、煤炭中间贸易商，下游多为钢厂、洗选厂、电厂、煤炭中间贸易商等，各煤炭货押客户经营模式较为相似，上游、下游合作稳定。

物流企业：在供应链营销过程中，银行必须同物流企业（含仓储管理公司，如中储运、中外运等）建立合作关系，依托物流公司对有关货权进行监管控制，以缓释银行对供应链其他主体的授信风险。

在对供应链上游、下游企业授信时，作为重要的风险缓释措施，应重点加强对货权控制及货物价格的监控，例如对于下游煤炭批发商开展货押业务时，在第三方委托监管货物基础上，还需加大核库查库力度并建立银行一体化的价格盯市与补充保证金制度，对操作人员提出较高要求。

五、最终客户：需煤客户

各大发电公司、水泥公司、五大发电集团公司、地方电力集团等。中国的电力公司多为火力发电企业，需要消耗大量的动力煤炭。

大型发电集团多成立能源集团，由内部设立的能源集团进行煤炭物资的集中采购。地方电力公司一般都是自己直接购煤。

1. 华电煤业集团有限公司是中国华电集团公司在整合华电集团系统煤炭开发和运营资源的基础上，主要负责华电集团系统的电煤供应、燃料管理以及煤矿、煤电化一体化、煤炭深加工、煤炭储运和境外煤炭等项目。华电煤业集团经国家工商行政管理总局批准在北京登记注册，注册资本金为15.6亿元人民币。其中，华电集团控股51.28%，华电国际电力股份有限公司等11家单位合计参股48.72%。现有13个分公司、5个办事处、10个全资（控股）子公司、18个参股子公司。

2. 中国大唐集团煤业有限责任公司是中国大唐集团公司的全资子公司，公司注册资本金为10亿元人民币。中国大唐集团煤业有限责任公司主要从事煤炭产业的科研、开发、开采、销售、储存、加工等业务，负责对中国大唐集团公司的煤炭（矿）项目实施集团化、专业化管理。公司胜利东二矿和额吉煤炭项目已投产，孔兑沟煤矿、鸿泰煤矿、西王寨煤矿、谢尔塔拉煤矿、南屯—西索木煤矿等一批煤炭项目的前期工作正在积极推进。

3. 华能能源交通产业控股有限公司，注册资本金为30亿元人民币，主要从事煤炭批发经营和煤炭、道路、港口、航运等能源交通基础设施项目投资及管理、国际招投标代理、进出口业务、实业项目的投资及管理、资产受托管理、经济信息和企业管理咨询等业务。公司控股企业14个，分别为京张高速、时代航运、西川矿业、大同焦煤矿、沙井子煤矿、南京实业、河北实业、河北招标、山西经贸、山西国贸、华源瑞成、瑞宁航运、青岗坪矿业、天辰码头。参股企业12个，分别为石港煤矿、大柳煤矿、恒宇矿业、北能公司、唐山港、天津港、蓟港铁路、华能财务公司、晋中南铁路煤炭销售公司、平煤集团、蒙冀铁路公司、西平铁路公司。受托管理单位1个，为山东鲁能海运公司。代集团公司持股单位2个，分别为大秦铁路和石太客运专线。港口合作单位1个，为秦皇岛港务集团九公司。

4. 华润煤业控股有限公司，法定股本为100亿港元，主要从事煤矿投资、建设与运营，是华润集团的一级利润中心、华润电力控股有限公司（简称“华润电力”）的全资子公司。

华润煤业所属全资及控股的煤业公司有华润天能徐州煤电有限公司、湖南华润煤业有限公司、涟源华润煤业有限公司、华润电力（锡林郭勒）煤业有限公司、河南天中煤业有限公司、山西华润联盛能源投资有限公司、太原华润煤业有限公司、山西华润煤业有限公司、山西亚美大宁能源有限公司等9

家公司。另有参股的煤业公司包括河南永华能源有限公司、郑州华辕煤业有限公司、贵州华隆煤业有限公司等3家公司。

六、煤炭行业授信方案设计

（一）对于国有大型和特大型煤炭企业授信方案

1. 授信品种。

以三年期流动资金贷款、技改贷款、并购贷款和各类搭桥贷款为主。

2. 授信用途。

（1）正常经营中流动资金需求；（2）利用银行中期贷款置换他行短期流动资金贷款；（3）用于技术改造的资金需求；（4）用于煤炭资源整合中收购中小型煤矿；（5）补充资本金形成的资金需求；（6）用于中期票据和短期融资券到期偿付的资金需求。

3. 担保方式。

鉴于以上特大型煤炭企业股东背景良好、资产质量较好、零不良率、经营稳健等明显的特点，银行为这些总公司和其子公司提供信用贷款。

（二）针对年产300万吨以上煤炭企业的授信方案

1. 授信品种。

以1~3年流动资金贷款、技改贷款、并购贷款和各类搭桥贷款为主。

2. 授信用途。

（1）正常经营中流动资金需求；（2）利用银行中期贷款置换他行短期流动资金贷款；（3）用于技术改造的资金需求；（4）用于煤炭资源整合中收购中小型煤矿；（5）用于短期融资券到期偿付的资金需求；（6）发行信托理财计划额度；（7）用于补充资本金。

3. 担保方式。

（1）针对国有企业，以信用贷款为主；（2）针对有国有背景的合资企业，主要以国有股东进行担保或以采矿权进行抵押（如果按出资比例进行担保，国有部分须以国有股东进行担保，民营部分须以采矿权进行抵押，两种担保方式组合担保）；（3）针对民营企业，主要以采矿权抵押贷款为主，严格防范授信风险，必要时，银行可结合其他担保形式进行风险防范。

备注：采矿权抵押贷款是指符合银行贷款准入条件的煤炭企业以其合法

取得的《采矿权许可证》作抵押，从银行取得一定金额的人民币流动资金贷款。

采矿权抵押贷款的流程为：

贷款→贷款受理→采矿权价值评估→贷款调查→贷款审查、审议→贷款授信→签订借款和抵押合同→办理抵押登记手续→办理公证和保险→贷款发放→贷后管理及检查→贷款归还

该业务流程的核心环节主要包含采矿权价值评估、采矿权抵押登记等环节。

（三）针对年产 90 万～300 万吨煤炭企业的授信方案

1. 授信方案的总体思路。

2. 授信品种。

针对该类客户，银行原则上只提供采矿权抵押贷款。

3. 授信用途。

（1）用于企业流动资金周转；（2）用于置换其他银行已办理的采矿权抵押贷款。

4. 目标客户。

具有单井 90 万吨以上生产能力或煤炭局已批复具有 90 万吨以上生产能力的优质煤矿企业。

5. 风险控制。

置换其他银行贷款的，应建立资金专户，确保银行贷款专项用于归还其他银行贷款，确保其他银行抵押权释放后设定为银行贷款抵押权；若其他银行抵押权释放并为银行设定抵押前银行贷款处于悬空状态，银行将要求借款人提供有效的阶段性担保。

（四）针对电力企业收购煤矿的授信方案

1. 方案提出的背景。

2. 目标客户。

（1）支持五大发电集团及华润等国家级电力集团优势企业；（2）支持国际电力、国际能源和格盟能源等电力龙头企业。

3. 授信期限和品种。

三年期流动资金贷款及并购贷款。

4. 授信用途。

置换其他银行贷款及收购煤矿或煤炭资源。

5. 担保方式。

视授信金额、股东背景和企业经营情况决定采用信用、第三方担保或其他担保方式。

（五）针对煤炭流通领域的授信方案

方案一：在煤炭经销领域，针对煤炭运销企业的动产质押授信方案

1. 方案提出的背景。

在煤炭经销尤其是动力煤经销领域适合货押融资。

从煤炭尤其是动力煤的储量、分布状况和运销情况来看，煤炭尤其是动力煤的市场具有相对的稳定性。

煤炭销售企业的集群特征决定适合做货押融资。这些企业具备下述特征：

（1）一般为省经贸委或省煤炭局审批通过的煤炭经营企业，分为公路运输或铁路运输资质，部分企业具备两种资质；（2）有一定规模的煤矿资源或具备多年煤炭采购渠道，及稳定的煤炭供应商；（3）具备一定规模的煤炭发运集运站，有一定规模的煤炭运输铁路发运计划；（4）有稳定的销售渠道，多为江浙等非区域的大型电厂或煤厂；（5）经营的商品主要为煤炭、焦炭，多为动力煤；（6）货物流转通道为供应商→煤炭集运站→铁路运输→秦皇岛或其他港口→下海走海路运输，流转环节主要为四个物理空间，即煤炭集运站、火车在途、港口和海运船；（7）外围验证历史交易量渠道为省煤炭交易中心和省地方税务局联手核验过的煤炭发展基金的基金票；（8）货物权属核验方式为查看企业进项发票。

2. 目标客户。

针对符合下列条件目标客户进行授信支持：

（1）具备省级有权政府部门批准的煤炭经营资质，并自身拥有站台或铁路计划。

（2）经所在省煤炭交易中心核实后，具有真实的历史交易背景。

货押模式一：先票/款/证后货＋在途货物抵押

1. 业务模式。

针对煤炭经销企业的采购环节也即准入煤矿企业（焦煤、潞安、晋煤、阳煤、同煤等五大煤业、联盛能源、沁和能源、沁新煤焦、离柳煤焦、普大

煤业和兰花集团等省国有及民营大型骨干煤炭企业）的销售环节，采用先票/款/证后货的方式解决煤炭经销企业在原料采购阶段资金紧张的问题，同时将煤矿企业的销售回款封闭于银行，争取尽量多的存款沉淀。

2. 操作流程。

（1）根据煤炭经销企业（借款人）具体授信品种签署相关协议、质押合同、仓储监管协议、厂商银合作协议（煤矿、煤炭经销企业和银行）。

（2）银行应煤炭经销企业要求，向其上游煤矿企业支付货款。

（3）煤矿企业按约定将货物交付至仓储监管公司，仓储监管公司对在途运输的质押物履行监管责任。

（4）煤炭经销企业销售时向银行打款赎货，银行收妥款项后，向仓储监管公司下达提货指令。

（5）仓储监管公司按银行指令向煤炭经销企业交付货物。

3. 流程示意图。

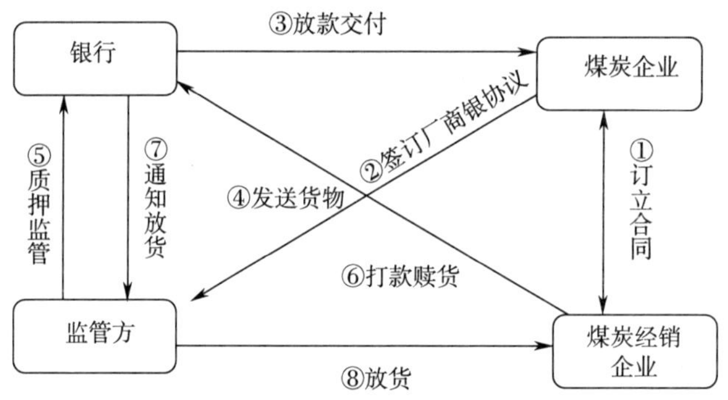

图1-1　先票/款/证后货+在途货物抵押流程图

货押模式二：（集运站+铁路运输+港口）库存现货质押

1. 业务操作流程。

（1）借款企业将货物质押给银行，并交由仓储监管公司监管。银行向借款企业发放贷款。

（2）仓储监管公司负责对质押货物存储及在途运输过程进行监管。

（3）借款企业分情形在以下环节支付货款并办理出库。

第一，对于原煤销售需通过海运的且与港口签订监管合同的，借款企业须在货物装船前付款赎货；

第二，对于原煤销售不通过海运的，借款企业须在集运站装火车前付款赎货。

（4）银行收到货款后，向仓储监管公司下达提货指令。

2. 流程示意图。

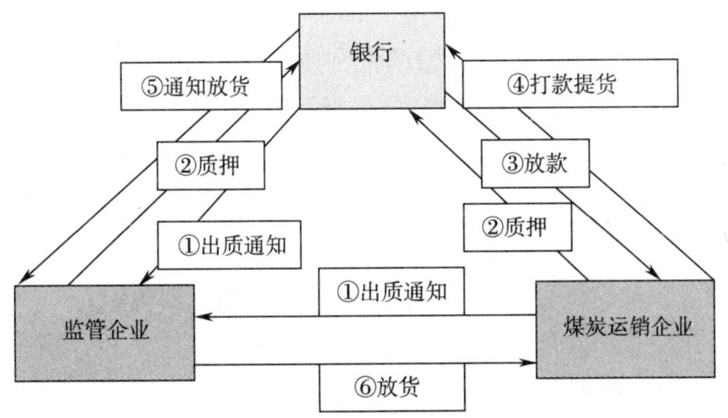

图1-2　（集运站+铁路运输+港口）库存现货质押

货押模式三：港口库存现货质押比照标准现货质押模式进行

货押业务各环节的风险控制：

环节一：预付货款环节

（1）银行、借款企业及其上游卖方之间签订《厂商银合作协议书》，约定煤矿承担《销售合同》中规定的发货义务及退款责任等。

（2）如借款企业的上游煤矿过于强势，不能签订《厂商银合作协议书》时，可按照银行内部授信原则审批确定信用额度，以此保障银行授信安全。

环节二：发运站环节

（1）货权确认。银行可通过核验企业采购环节的进项增值税票、采购环节的煤炭可持续发展资金、上游卖方的随货物所带的化验单、收货单据、合同等组合进行货物所有权的验证。

（2）数量的确认。仓储监管公司负责在煤矿或集运站接收货物，银行、借款企业及上游煤矿在《厂商银合作协议书》或《采购协议》中作出明确约定：上游煤矿交付的货物数量最好是以发站火车轨道衡计量（铁路大票标定数量）或集运站进站磅单数为准，仓储监管公司据此向银行出具“质物清单”。

（3）质量的确认。上游煤矿发货时应提供随车化验报告。如无化验报告，银行或仓储监管公司可聘请第三方检验机构对货物进行化验，各方对此化验结果均应认可。但无论采取哪种方式，银行保留定期抽检货物质量的权力，并且质量的最终认定以抽检结果为准。

环节三：铁路运输在途监管

仓储监管公司负责对在途运输的抵押物履行监管责任。如煤炭经销企业自办铁路运输，仓储监管公司负责对此过程进行监督，并取得相关运输单据；煤炭经销企业也可委托仓储监管公司或其合作单位负责向发站铁路局申请铁路计划并安排运输。

环节四：港口仓库仓储环节

（1）港口数量的核验，需与港务局进行仓储数量的核验。

（2）需在港务局办理在港货权的转移，货权所有权人为仓储监管公司。

环节五：对于物理监管空间涵盖集运站—在途铁路运输—港口仓库监管控制

对于叙做动产质押业务物理监管空间涵盖集运站—在途铁路运输—港口仓库三个空间的，以两种方式进行：其一，对于同意将铁路运输对应铁路大票在港口收货人做成仓储监管公司，并且委托仓储监管公司办理港口所有事宜的，监管公司为全程监管；其二，对于不同意将铁路运输对应的铁路大票在港口收货人做成仓储监管公司的，监管公司可以选择两个仓储监管公司，分段监管，责任分割点为一个公司负责集运站和火车在途，另一个公司负责港口，二者汇总后为银行质押货值。

方案二：以大型煤企为核心客户，针对其上游供应商开展应收账款质押或保理业务的方案

1. 业务背景。

结合省煤炭行业核心客户和其上游供应商进行综合分析，以300万吨/年以上具有国资背景的煤炭企业为核心客户，针对其上游供应商叙做应收账款质押授信或保理等业务。

（1）核心客户集群特征。核心客户属于省煤炭经营主体客户群，其集群特征表现为：均属国有大型煤炭企业，煤炭生产较为稳定，盈利能力强，上游供应商较为稳定，相对于上游企业处于强势地位，并对上游结算有一定时间段的账期。

（2）上游供应商集群特征。针对固定的核心客户的应收账款发生频次较多、回收期较短、周转较快，且始终保持一个较为稳定的存量余额。

2. 业务模式。

以核心企业及其上游供应商之间贸易往来为背景，以对核心客户为买方所产生的应收账款办理质押，并以买方付款作为直接还款来源，同时通过进行贸易背景审核、单据审核和回款路径控制等相应过程管理手段及措施进行物流及资金流控制，比照银行保理业务进行管理及系统操作，纳入标准贸易融资范畴进行业务管理及授信报批。（如果具备叙做保理业务的条件，银行可为企业提供保理授信业务。）

3. 环节控制。

（1）以核心客户为切入点进行营销，加大对核心客户的营销力度，并在以下方面与核心客户进行深入合作：

第一，积极营销核心客户，由其推荐供应商给银行，并在其推荐的名单中，根据相关规定选择优质客户办理本业务；

第二，争取在融资前对核心客户进行应收账款质押通知，底线为保留在银行融资出现预警或风险时进行应收账款质押通知的权利；

第三，由银行发起与核心客户核实其上游供应商的应收账款余额；

第四，获得核心客户向上游供应商付款途径配合，确保其对上游供应商付款支付至银行监管账户。

（2）所质押的应收账款及基础交易应符合国内保理业务的相关要求。

（3）应收账款账期原则上控制在 90 天以内，最长不能超过 180 天，且保证单笔融资期限与质押给银行的应收账款账期相对应。

（4）质押率原则上不得超过 80%，对于优质客户质押率可放宽到 90%，具体由有权授信审批机构审定。

（5）严格控制回款路径，在授信协议文本中明确应收账款的回款直接偿还贷款本息。

4. 流程示意图。

流程示意图见图 1－3。

方案三：针对煤炭/焦炭企业下游的煤铁企业或电厂，提供国内信用证融资或保理业务授信方案

1. 国内信用证融资方案。

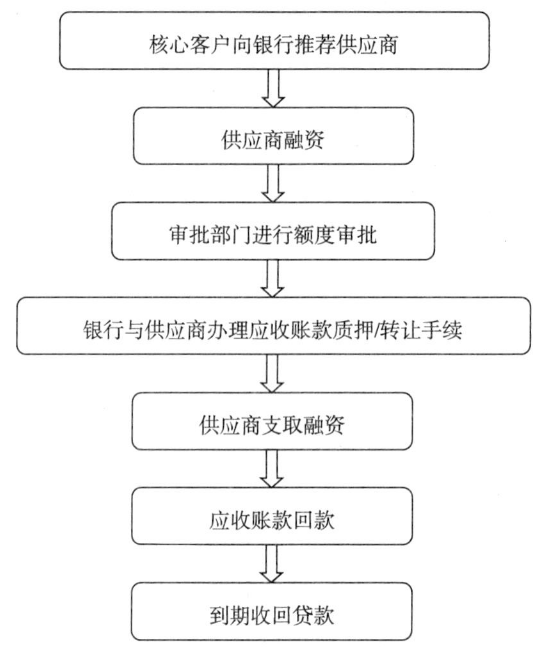

图1-3　以大型煤企为核心客户，针对其上游供应商开展应收账款质押或保理业务的方案

（1）业务模式。

煤炭企业和电厂之间较为稳定的产业链关系，为下游煤铁企业或电厂增加专项授信额度，指定用于采购其上游煤炭企业的原煤或焦炭，结算方式根据市场情况采用国内信用证、赊销等形式。通过该融资安排模式，使煤炭企业所在银行和发电企业所在银行有效地联合拓展业务，并在系统内有效控制授信风险，建立双赢的链式融资模式。

（2）操作流程。

——银行上报煤铁企业/电厂的授信方案；

——银行审批给予煤铁企业/电厂针对煤炭/焦炭企业的国内信用证专项授信额度；

——煤铁企业/电厂所在地银行向煤炭企业所在地银行提交开证资料（保证金、开证书、购销合同）；

——煤铁企业/电厂所在地银行开出国内信用证并通知；

——煤炭/焦炭企业所在地银行收到国内信用证；

——煤炭/焦炭企业出货并准备单据；
——煤炭/焦炭企业所在地银行对延期付款信用证办理议付；
——煤炭/焦炭企业所在地银行将议付款打入煤炭/焦炭企业账户；
——信用证到期煤铁企业/电厂支付款项。

（3）流程示意图。

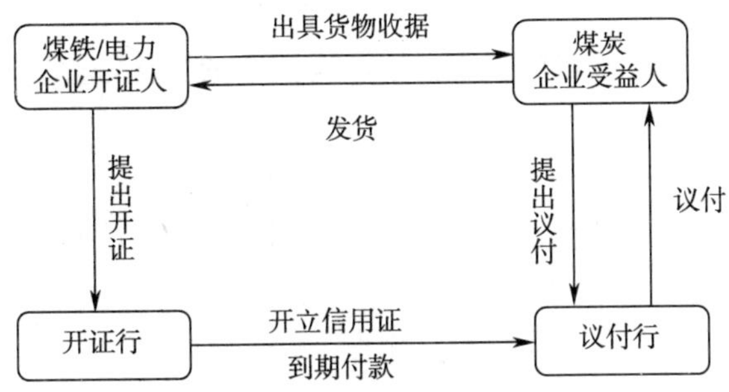

图1－4　国内信用证融资方案

2. 保理业务授信方案。

（1）具体操作流程。
——银行为煤炭/焦炭企业上报保理方案并落实保理融资额度；
——煤炭/焦炭企业向煤铁企业/电厂发货，并将应收账款债权转让给银行；
——煤铁企业/电厂确认应收账款债权的转让；
——银行应煤炭/焦炭企业要求向其提供融资；
——到期煤铁企业/电厂将货款付至银行指定保理账户。

（2）业务流程图。

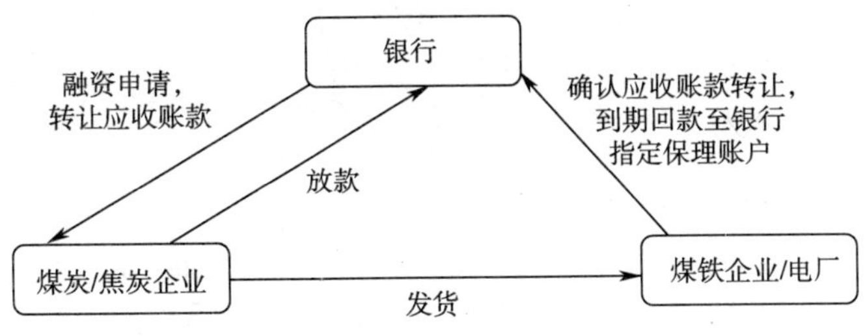

图1－5　保理业务授信方案

（六）煤炭子行业——焦炭行业的整体授信方案

1. 整体授信思路。

（1）客户准入。

其一，支持进入国家发展改革委公告的《焦化企业准入名单》的企业，并优先支持拥有自备煤矿（单井产量不低于90万吨/年）的焦化企业；其二，支持叙做供应链融资。

（2）提供授信品种。

授信品种为国内信用证、供应链买方融资、银行承兑汇票、1～3年期流动资金贷款，并对银行提供的供应链融资有需求的焦化企业优先支持。

（3）担保方式。

针对国有全资及控股、公开上市和产能在200万吨/年以上的焦化企业，可视企业股东背景、经营情况等因素采用信用、第三方担保或现货质押等担保形式。

针对其余企业采用现货质押形式担保。

（4）授信用途。

其一，用于企业流动资金周转；

其二，用于置换其他银行已办理的采矿权抵押贷款。

2. 具体授信方案和模式。

以焦化企业本身为业务的切入点，以其上下游供应链为纽带，通过对信息流、物流、资金流的有效控制或关联方的有效捆绑，以银行货押、国内信用证融资、保理等业务或业务组合将银行的信用有效注入产业链中的上游、中游、下游企业。通过贸易融资或供应链融资的业务平台，在有效满足焦化企业授信需求的同时，也能最大限度地控制授信风险。

煤焦产业链和融资安排如图1－6所示。

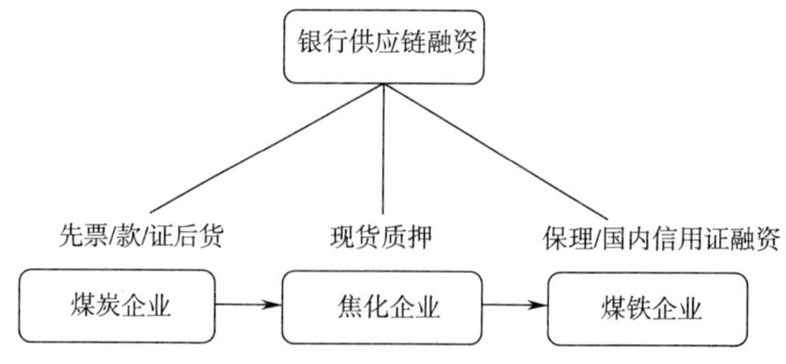

图1－6　煤焦产业链和融资

方案一：基于原材料购进阶段，针对焦化企业提供“先票/款/证后货 + 在途货物质押”业务

1. 业务模式。

针对焦化企业采购环节（也即煤矿企业销售环节）采用先票/款/证后货方式解决焦化企业在原料采购阶段资金紧张问题，将煤矿企业销售回款封闭于银行，争取尽量多的存款沉淀。

2. 操作流程。

（1）根据焦化企业（借款人）具体授信品种签署相关协议、质押合同、仓储监管协议、厂商银合作协议。

（2）银行应焦化企业要求，向其上游煤矿企业支付货款。

（3）上游焦煤企业按约定将货物交付至监管公司，监管公司对在途运输的抵押货物履行监管责任。

（4）焦化企业向银行还款后，银行向监管公司下达提货指令。

（5）监管公司按银行指令向焦化企业交付货物。

3. 流程示意图。

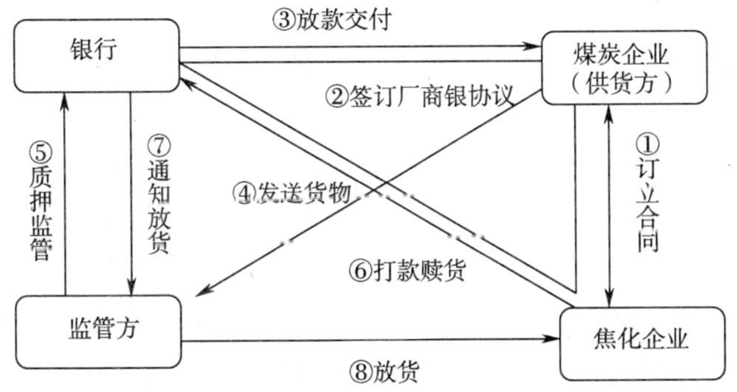

图1-7　原材料购进阶段，对焦化企业提供“先票/款/证后货+在途货物质押”业务

方案二：基于焦化企业自身拥有存货，为其提供厂区、港口现货质押业务

针对焦化企业厂区、港口库存原煤/焦炭核定最低库存，帮助企业盘活库存现货，在有效控制风险的同时增加银行的收益。

1. 厂区现货质押业务。

以焦化企业库存原材料、产成品为质物，形式为总量控制、动态输出监

管，质物以原煤、洗精煤、焦炭为主，按照一定的比例折算成焦炭，以焦炭价格作为盯市参照。授信品种为国内信用证、供应链买方融资、银行承兑汇票、流动资金贷款、法人账户透支等。

焦化企业厂区现货质押方案如下：

质物：原煤、精煤、焦炭

业务模式：现货质押，动态输出监管

货权形式：非标准仓单

仓库位置：企业自有货场

监管人：与银行签订总对总协议的大型监管公司

质押率：最高不超过70%

货物监管折算：质押物为库存生产用原煤、洗精煤、焦炭，其中针对原煤方案，对企业库存原煤以3∶1折算成焦炭，比焦化行业实际原煤折焦炭提高30%，在不考虑70%的质押率情况下实际质押率已是货值的70%，如在此基础上再核定质押率70%，则最终实际质押率达到50%。针对洗精煤的方案：对企业库存原煤以1.5∶1折算成焦炭，比焦化行业实际精煤折焦炭提高10%，按照以上测算情况分析，银行在不考虑70%质押率情况下实际质押率已是货值的90%，如在此基础上再核定质押率70%，则最终实际质押率达到63%。

2. 港口现货质押业务。

港口现货货权转移质押业务，以具有焦炭出口资质的焦化企业为授信主体，以经销的产品为质物，依托港口物流货权转移严格的控制过程，定位于企业的销售环节，本着打款出库的原则，过程简单，可以有效地控制风险。授信品种主要为银行承兑汇票、国内信用证、供应链买方融资、流动资金贷款等。

模式：港口存货模式

质物：焦炭

业务模式：现货质押

货权形式：货权转移、非标准仓单

仓库位置：港口第三方仓库

监管人：大型监管公司、国家级大型港口物流公司如上港集团物流公司、天津港散货交易市场以及国家级保税区监管机构

监管模式：动态、输出监管

质押率：最高不超过70%

3. 现货质押业务流程图。

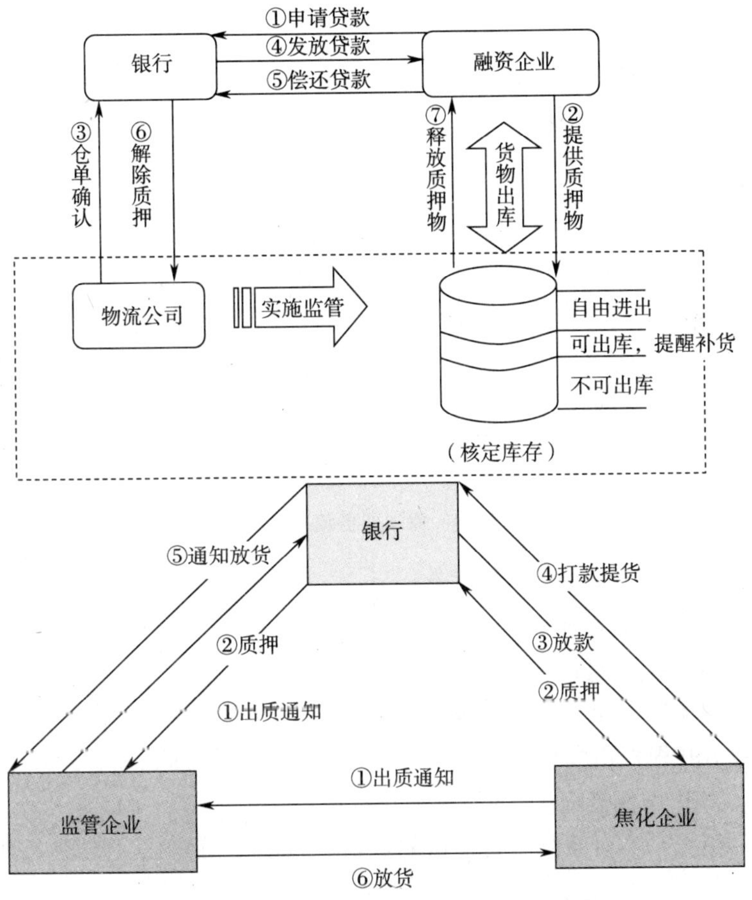

图1－8　以焦化企业自身拥有的存货，为其提供厂区、港口现货质押业务

方案三：基于焦炭—煤铁上下游供应链，针对焦化企业或其下游的煤铁企业，提供保理或国内信用证融资授信方案

针对焦化企业的销售环节，通过与下游符合条件的煤铁企业合作，由银行和煤铁企业的主办行通力合作，运用保理、应收账款质押、国内信用证等贸易融资产品实现资金封闭运行，在有效控制风险的同时实现系统内多家银行共赢。

模式一：保理业务方案

1. 具体操作流程。

——银行为焦化企业上报保理方案并落实保理融资额度；

——焦化企业向煤铁企业发货，并将应收账款债权转让给银行；

——煤铁企业确认应收账款债权的转让；

——银行应焦化企业要求向其提供融资；

——到期煤铁企业将货款付至银行指定保理账户。

2. 业务流程图。

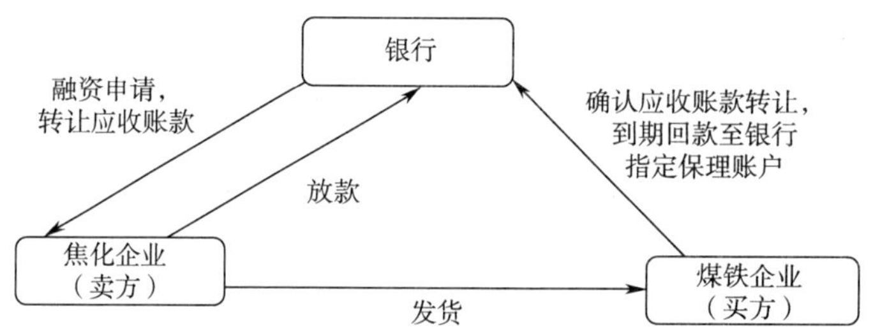

图1－9　保理业务流程示意图

模式二：国内信用证融资方案

1. 具体操作模式和流程。

（1）具体操作模式。

为下游煤铁企业增加专项授信额度，指定用于采购其上游煤炭企业的原煤，结算方式根据市场情况采用国内信用证、赊销等形式。

（2）具体操作流程。

——银行牵头对系统内有授信的煤铁企业的上游焦化企业建立动态信息库；

——相关银行上报煤铁企业的授信方案；

——银行审批给予煤铁企业针对焦化企业的国内信用证专项授信额度；

——煤铁企业向银行提交开证资料（保证金、开证书、购销合同）；

——银行开出国内信用证并通知；

——焦化企业收到国内信用证；

——焦化企业出货并准备单据；

——银行对延期付款信用证办理议付；

——银行将议付款打入焦化企业账户；

——信用证到期煤铁企业支付款项；

——信用证闭卷。

（3）业务流程图。

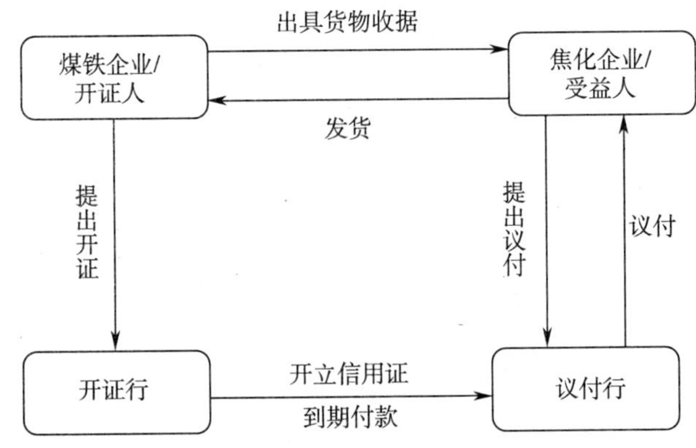

图1－10　国内信用证融资业务流程示意图

2. 风险控制。

把握企业贸易行为，控制贸易项下资金流和物流，可以在一定程度上控制授信风险。真实交易背景难以伪造，系统内可以较容易地监控贸易背景；将交易双方进行捆绑，可以有效保证交易环节和付款环节的潜在风险；采取系统内资金封闭运作方式，由系统内银行按交易链条将资金直接支付给客户的上游企业。

信息渠道：中华商务网 http：//www. chinaccm. com/

我的煤炭网 http：//www. mycoal. cn/

煤炭经销环节货押业务模式分现货质押和未来货权质押两种模式。

现货质押业务模式：现货质押业务模式分为煤炭经销企业以企业的煤炭集运站为监管仓库而核定最低库存业务模式、以从集运站始沿铁路专运线直至港口仓库起运之前两点一线为仓库的核定最低库存业务模式及港口核定最低库存三种模式。

未来货权质押业务模式：银行根据煤炭经销企业煤炭采购合同，采用先票/款/证后货的货押业务模式，其中煤炭供应商的确定需按照银行授信审批流程进行核定。

监管单位选择签约单位或各港口港务局指定监管公司，根据具体情况可以选择由单一公司进行监管或根据经销环节分段监管。

【案例1】　均益县云鑫煤焦有限责任公司货押融资方案

一、企业基本情况

均益县云鑫煤焦有限责任公司注册资本2 000万元，公司现有固定员工100人，公司在银行的客户评级为B级，客户规模为小型，公司现有一座30万吨/年重介洗煤厂，公司经营模式为向上游煤炭贸易公司、煤矿购买原煤，经过洗选后向下游焦化公司、洗精煤中间贸易公司销售洗精煤，向下游电厂销售动力煤。公司上游客户主要为富源后所镇兴隆煤矿、庆云煤矿、富源县泓翔商贸有限公司等煤矿、中间贸易公司，下游客户主要为云南大维制焦有限公司、国投曲靖发电厂、富源县云浩经贸有限公司等公司，上游、下游合作年限均超过4年，合作较为稳定。年总资产达6 122万元，净资产4 429万元，资产负债率为27.64%，实现销售收入1 026万元，实现净利润61万元。

二、银行授信方案

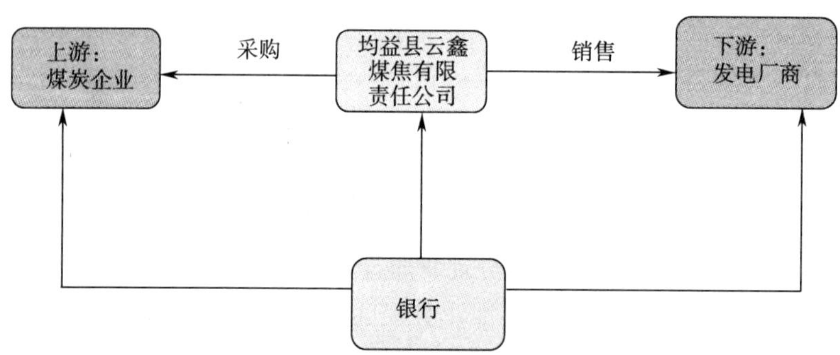

图1－11　均益县云鑫煤焦有限责任公司货押融资

申请人：均益县云鑫煤焦有限责任公司

质物：精煤、焦炭

出质人：均益县云鑫煤焦有限责任公司

业务模式：现货质押

授信品种：银行承兑汇票（敞口可串用为流动资金贷款）

货权形式：非标准仓单

仓库位置：企业厂区内自有货场

监管人：青岛中远物流有限公司

监管模式：输出监管

盯市渠道及取值方法：精煤按焦炭价格的2/3计价

焦炭按出厂价格与中华商务网盯市价格孰低者

保证金比例：50%

质押率：70%

赎货期：授信品种到期前两个月

三、货押业务方案流程

1. 采用动态监管模式，银行与均益县云鑫煤焦有限责任公司、青岛中远签订仓储监管协议，以精煤、焦炭为质押物，银行为均益县云鑫煤焦有限责任公司开立银行承兑汇票，按照现有价格测算，监管设定精煤最低库存30 000吨，焦炭最低库存20 000吨，价值合计不低于6 800万元。按照70%的质押率，给予企业授信敞口4 000万元，为企业申请银行承兑汇票8 000万元（50%保证金），期限不超过6个月，主要用于企业精煤的采购。

2. 银行和均益县云鑫煤焦有限责任公司签订质押合同，青岛中远和均益县云鑫煤焦有限责任公司签订仓库租赁协议，货押中心专人和青岛中远进行核库，根据核库货物的数量确定初次货物价值，根据质押率核定贷款授信额度，青岛中远进驻厂区，对该监管地实施输出监管。

3. 在授信期间，青岛中远对质押物进行24小时实时监控，精煤、焦炭总价不低于5 800万元，质押率不高于70%的前提下企业正常提货。当价格下跌或者其他原因导致质押率超过70%时，企业必须追加精煤、焦炭或者补足相应的保证金以确保质押率恢复到70%以下；企业还需向银行出具提货申请书，银行货押中心人员核实保证金到位的情况下出具出库通知书给青岛中远出货。

客户按银行要求办理煤炭货押业务，无任何违约行为，已累计实现出账1.6亿元，授信余额为8 000万元，实现利息收入36万元，已收货押管理费16万元，为银行带来2 942万元的对公存款时点余额，2 698万元的对公存款日均余额，1 000 万元对私存款时点余额，银行综合收益较好。

【点评】炼焦企业以自有的煤炭资源作为质押，银行对炼焦企业提供货押融资，可以帮助焦炭企业盘活自身的煤炭资源。河北、山西、山东、内蒙古等地炼焦企业数量众多，这类企业非常适合办理动产融资。

【案例2】 金海市汉林煤炭经贸有限公司货押融资方案

一、企业基本情况

广西金海市汉林煤炭经贸有限公司注册资本520万元，是一家专业经营煤炭批发、煤焦货场、原煤干选与购销、锰矿、磷矿、锌矿、硅矿购销的企业。现主要为各大小电厂常年提供优质电煤，每年购销电煤100万吨以上。

企业总资产为9 087.29万元，净资产4 776.41万元，实现主营业务收入20 856.66万元，比上年主营业务收入增加了5 602.32万元，随着经济发展和基础建设力度的加大，企业规模的扩大和发展仍有许多空间。

上游、下游主要供货商

表1　　上游主要供货商

前三名供应商（按金额大小排名）	金额（万元）	占全部采购比率（%）
金海市银鑫煤业有限公司	433	3
广西东源煤业集团有限责任公司	760	4
金海市靖杰选煤有限责任公司	603	2.99

表2　　下游主要客户

前三名销售商（按金额大小排名）	金额（万元）	占全部销售比率（%）
国投曲靖发电有限公司	17 447	71.50
镇雄县云华冶金煤炭有限公司	3 210	13.16
贵州金元集团股份有限公司	1 545	6.33

二、银行提供的授信方案

借款人：金海市汉林煤炭经贸有限公司
质物：原煤、精煤

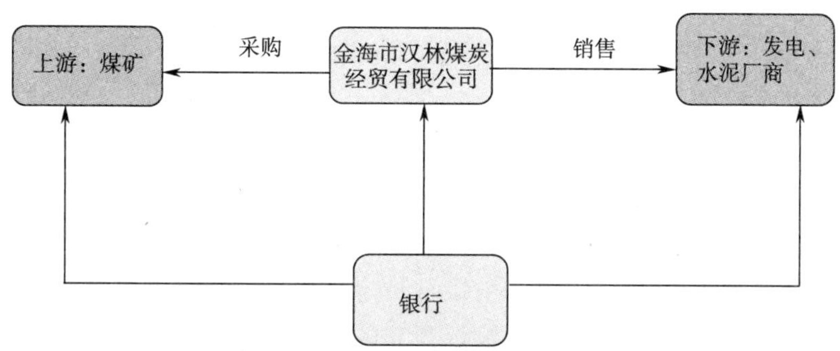

图 1－12　金海市汉林煤炭经贸有限公司货押融资业务示意图

出质人：金海市汉林煤炭经贸有限公司

业务模式：未来货权质押

授信品种：银行承兑汇票、国内信用证

供货方：广西云天化联合商务有限公司

货权形式：非标准仓单

仓库位置：广西小尚坡公路边金海市汉林煤炭经贸有限公司货场

监管人：南储仓储管理有限公司广西分公司

监管模式：输出监管

监管合同及厂商银合作协议：标准合同

盯市渠道及取值方法：中华商务网、按供货商提供的出厂价和市场价孰低取值

保证金比例：30%

质押率：70%

赎货期：最长不超过银行承兑汇票到期前一个月

回购/担保安排：无

（一）货押业务方案流程描述

1. 银行、金海市汉林煤炭经贸有限公司及广西云天化联合商务有限公司签订《厂商银三方协议》。

2. 银行、金海市汉林煤炭经贸有限公司及监管方签订《仓储监管协议》，银行与出质人签订《质押合同》、《变卖协议》及《委托收货协议》。

3. 授信额度启用后，金海市汉林煤炭经贸有限公司按照开票金额存入30%保证金到银行，银行开出全额银行承兑汇票，银票由银行双人送至广西云天化联合商务有限公司指定接收人。

4. 广西云天化联合商务有限公司在收到银行承兑汇票后给银行出具银行承兑汇票收到确认函。

5. 广西云天化联合商务有限公司在约定期限内将货物运至监管人仓库，待货到仓库后，监管人按监管要求实施输出监管。

6. 在赎货期内或到期日，如金海市汉林煤炭经贸有限公司需要提取所质押货物，须向银行出具提货书，由银行核定价格后，金海市汉林煤炭经贸有限公司将相应敞口资金打入其在银行开立的保证金账户，银行在办理保证金账户监控手续后，出具提货通知书，金海市汉林煤炭经贸有限公司凭该通知书提取相应货物，监管人为金海市汉林煤炭经贸有限公司办理完提货手续后将提货通知书（回执）交回银行。

7. 银行将要求金海市汉林煤炭经贸有限公司在赎货期满前将敞口部分补齐，以偿还银行资金。

（二）质押货物情况

1. 货物描述。

（1）品名：原煤、精煤。

（2）生产厂家：广西云天化联合商务有限公司。

（3）物理特性、包装及储藏条件：黑色颗粒状，无包装、露天堆放，便于储藏。

2. 监管库情况。

第一个仓库：广西小尚坡公路边金海市汉林煤炭经贸有限公司货场。

（1）仓库类型：租用。

（2）仓库位置：广西小尚坡公路边金海市汉林煤炭经贸有限公司货场。

（3）库容（仓储面积）：7 亩。

（4）经营资质 ：露天仓库。

（5）作业能力：2 000 吨/日。

（6）所有权人：唐树荣。

（7）仓库分析：仓库为露天仓库，土地使用权为企业所有，所有设备为企业自有，未与他行开展过货押业务，因此可实现货物的独立堆放，能按要求承担银行出入库管理要求，再由南储仓储管理有限公司广西分公司进行输出监管，可满足监管要求。

3. 风险点及控制措施。

（1）货物控制。

①供货商发送货物时由监管机构派员工一起进行派送，再进行24小时输出监管，银行将要求监管机构严格按照《仓储监管协议》上的要求对货物进行监管；

②要求监管机构实时对质押物进行实地盘点检查，并实现货物的独立堆放；

③监管机构仅凭银行签发的提货通知书办理提货。

（2）质量控制、保险等。

质量由曲靖乐华化验为准，广西云天化联合商务有限公司参与共同取样、监督制样，双方共同将封存样送省、市、国家认可的质检单位检验。

质押货物在途及仓储过程中购买保险，保单受益人为银行。

（3）其他管理措施。

①银行按盯市价格逐日计算质押率，质押率上升超过5%，即要求质押人补充保证金；

②如到期货物未提完，即要求质押人归还剩余银票款项，另外银行也可提前终止授信并根据与质押人签署的《变卖协议》对货物作出相应处理；

③厂、商、银协议中约定收货人为银行，并约定供货方的交货期不超过30天，约定银行承兑汇票交接流程并指定专门收票人，出票时由银行双人送达广西云天化联合商务有限公司交由指定人签收；

④货物入库后三个工作日内进行核库，且每月至少查库一次。

三、银行收益分析

1. 额度7 000万元，期限一年，累计开票最高可达1.4亿元。
2. 创造手续费收入7万元。
3. 货押管理费按额度的8‰收取，可实现收入56万元。
4. 已实现中间业务手续费收入共计63万元。

【点评】

本案例为煤炭货押融资，煤炭物资非常适合操作动产融资业务，由于煤炭保管条件简单，价格透明，且交易变现能力极强，具备典型的商品融资特性。煤炭经销商集中在内蒙古、河北、山西、新疆等资源大省（自治区）；在广东、浙江、江苏等煤炭消费大省，也存在较多的特大型煤炭经销商。煤炭一般都是淡储旺销，在淡季价格较低时囤货，在价位走高时销售。银行提供动产融资的时间点一般都在淡季。

【案例3】 扬州市湘源燃料有限公司供应链融资方案

一、企业基本情况

扬州市湘源燃料有限公司注册资金2 000万元，公司经营以燃料油批发为主。公司油品的来源主要依靠中石化下属广东销售公司和浙江销售公司，这些实力强大的上游客户和彼此间长期建立起来的良好合作关系，保证了公司有充足的货源。而公司的主要销售渠道为杭州、萧山、绍兴、江苏等地的多家燃料油使用企业和山东地方炼油厂，主要客户有浙江玻璃股份有限公司、江苏冠银玻璃制造总厂、镇海仑力石油制品有限公司等。

公司年营业收入2.4亿元，实现净利润82万元，公司得到了长足的发展。公司2011年上半年与2010年持平，下半年和润尔华公司长期合作开始后，公司销售和利润将会有快速的发展。

二、银行提供授信方案

借款人：扬州市湘源燃料有限公司

上游供货方：石化销售有限公司华南分公司、中化石油（珠海）有限公司、石化浙江舟山石油分公司

下游购买方：江苏淮安润尔华化工有限公司

货物：燃料油

起运港/目的港：国内海运在途，起运港为广东小虎码头、泰山码头、珠海格力码头、舟山中石化石油码头，目的港为扬州恒基码头

监管方：浙江中空物流有限公司

授信敞口：人民币3 500万元敞口

授信品种：银行承兑汇票、供应链买方融资

保证金比例：银行承兑汇票30%（含）以上

融资比例：不超过购买方开具的即期信用证金额的70%

业务模式：先票（款）后货

融资期限：180天内

发货期：30天内

赎货期/回款期：60天内

合同文本：《厂商银合作协议》、《在途监管协议》、《供应链融资三方协议》

（一）业务流程

1. 扬州市湘源燃料有限公司与江苏淮安润尔华化工有限公司签订年度或月度燃料油购销合同，明确每月供应数量，并与银行签订《供应链融资三方协议》。

2. 扬州市湘源燃料有限公司与上游客户石化销售有限公司华南分公司、石化珠海石油有限公司、石化浙江舟山石油分公司分别签订年度燃料油购销合同，明确每月采购数量、质量标准按每月供货计划（总合同中体现）规定执行。银行和扬州市湘源燃料有限公司以及上游企业签订《厂商银合作协议》，协议中规定："收货人栏填写为：××银行（代扬州市湘源燃料有限公司收）。"

3. 扬州市湘源燃料有限公司与江苏淮安润尔华化工有限公司合同签订生效后，买方即开具即期信用证至银行，银行根据即期信用证金额向上游供货方开立单笔不超过信用证金额70%的银行承兑汇票，若是供应链买方融资，则单笔放款不超过信用证金额。

4. 银行、监管方、借款人签订《在途监管协议》，银行向上游企业支付银行承兑汇票或放款后的30天内，由上游企业负责将燃料油装船。装船后，监管方代银行收妥以下单据（可接受复印件，需经监管方签注"与原件相符"）：由卖方出具产品合格证、发货证明等证明文件，发货港港务局出具水尺计量鉴定表、港航货物（燃料油）交接单和水路货物运单等，其中港航货物（燃料油）交接单和水路货物运单上需显示货权所有人为"××银行（代扬州市湘源燃料有限公司）"，货物装船平仓，从而完成货权转换。

5. 监管方中空物流根据水尺计量鉴定表、港航货物（燃料油）交接单、水路货物运单等相关货权证明以及产品合格证等质量检验证明，为银行出具"查复及出质确认书"作为货权凭证质押给银行。

6. 监管方从货物装船平仓交割后开始作海上在途监管，直至货物运送至下游指定港口，海运全程由中空物流进行监管。运输船舶为湘源自身合作多年的运输船，运输途中购买保险，且第一收益人为××银行。

7. 船舶从舟山码头海运至指定港口扬州恒基码头的时间为2~3天，从广州码头到达指定港口为7~10天，船到港后由SGS商检进行检测至出具检测报告的时间为1~2天，卸货时间为1~2天。油船到港后，借款人与买方的结算方式为即期国内信用证，银行在收到信用证付款后，给监管公司发送指令要求卸货。油品过阀拦口即完成货权交接，油品入润尔华在恒基码头租用的油库，监管方监管责任完毕。（从借款人交单到开证行付款5~10个工作日，滞港费由借款人承担）。同时，作为后续管理，卸货完成后，恒基码头为银行提供与润尔华企业的货权交接证明，由监管方代为收妥。

8. 根据借款人与银行签订的《供应链融资三方协议》，银行信用证托收凭证的账户必须注明为协议上的监管账户，开证银行将货款汇至扬州市湘源燃料有限公司在银行开立的监管账户。补平敞口后，可以重新开立银行承兑汇票或发放供应链融资款项，该授信额度可以循环使用。

（二）业务操作要求

1. 单据要求。

开立银行承兑汇票或发放供应链融资款项时规定提供与上下游的购销合同、下游即期信用证复印件（无不利于银行信贷安全的软条款）、《厂商银合作协议》、《在途监管协议》、《供应链融资三方协议》。

单笔融资后30天内提供由卖方出具的产品合格证、发货证明等证明文件，发货港港务局出具的水尺计量鉴定表、港航货物（燃料油）交接单和水路货物运单（以上单据可接受复印件，需经监管方签注“与原件相符”），及监管方出具的查复及出质确认书正本。

单笔融资后60天内提供目的港第三方出具的数量和质量的检测报告、恒基码头为银行提供与润尔华企业的货权交接证明（以上单据可接受复印件，需经监管方签注“与原件相符”）。

2. 货到下游买方指定地点约30天内，不论价格升降、质量变化等理由，银行将全套信用证项下要付单据寄开证行要求支付，支付的款项须汇至扬州市湘源燃料有限公司在银行开立的监管账户。经营单位及客户经理应密切关注下游买方回款情况，若出现供应链项下款项不能按期足额回款，应立即停止该供应链融资业务并追讨未结清的应收账款融资款。

3. 禁止关联交易。

（三）风险提示

1. 须对上游供货商及下游购买方是否有资质作为核心厂商并与银行签订《厂商银合作协议》、《供应链融资三方协议》作审定。

2. 下游买方开立的国内信用证是否有不利于银行信贷安全的软条款设置需谨慎审核。

三、银行收益分析

按银行授信额度5 000万元测算，银行向上游供应商开立三个月的银行承兑汇票，30%保证金存款为1 500万元，从银行开票日期至下游电企全部回款，整个流程约在15天，也就是15天后回收的货款汇到银行账户上补足银票敞口金额，一个月做两次，一年可以做24次，除去到期的银行承兑汇票保证金，银行存款最高将达到1.5亿元，日均存款达到10 000万元左右，加上开票手续费中间业务收入18万元，银行综合效益非常显著。

【点评】

在东南用煤大省（市）浙江、上海、江苏等地聚集了大量的煤炭经销商，这些煤炭经销商普遍资金运作规模较大，和本地的实力较强的电厂关系密切，银行与这些煤炭经销商合作的常规思路是订单融资，以电厂的订单做风险控制的依托，银行提供订单融资，授信产品主要是国内信用证。

【案例4】　武汉云山庆贸易有限公司煤炭融资方案

一、企业基本情况

武汉云山庆贸易有限公司注册资本1 000万元人民币，主营业务为批发和零售贸易，批发煤炭，批发丙酮、石脑油、甲基苯、2－丁酮、煤焦油等，货物进出口、技术进出口。2011年经营情况及主要财务数据：公司总资产达4 815.9万元，其中流动资产4 760.6万元，净资产1 998.5万元，未分配利润998.5万元，实现主营业务收入16 423.3万元，净利润513.5万元，主营业务利润率达到4%，表明该公司的盈利能力较强，资产负债率为59%，资产负债率在贸易型企业中属于合理范围。

上游主要供货商：

供货商名称	交易货物品种	上年交易量（吨）	占总购买额比重	合作情况	结算方式	资金需要量（万元）
厦门建发股份有限公司	煤炭（高卡）	无	无	每月5万吨	银行承兑汇票、信用证	4 300

下游主要客户（新客户）：

下游客户名称	交易货物品种	上年交易量（吨）	占总销售额比重	合作情况	备注（结算方式）
广东省煤炭工业物资供应公司	煤炭（高卡）	无	无	每月5万吨	单船结算，TT或银行承兑汇票

二、银行提供授信方案

（一）授信方案

授信人：武汉云山庆贸易有限公司

质物：煤炭

出质人：武汉云山庆贸易有限公司

业务模式：

——未来货权质押+银行承兑汇票（30%保证金）。

——未来货权质押+国内信用证（30%保证金）。

授信品种：银行承兑汇票、国内信用证

供货方：厦门建发股份有限公司

货权形式：未来货权质押

未来货权到货地点：武汉港（黄埔港码头、新沙港码头）、阳江港码头、秦皇岛港大型或国投电厂码头、煤炭企业的码头或堆场、煤炭交易中心码头等

未来货权发货期：2个月

监管人：中空华南物流有限公司

监管模式：监管合同及厂、商、银合作协议，标准合同或经银行律师审

核过的协议

盯市渠道及取值方法：煤炭市场网

保证金比例：30%

质押率：70%

赎货期：提前一个月全额补足保证金，信用证到期按单议付

回购/担保安排：本次授信由武汉云山庆贸易有限公司法定代表人提供个人连带责任担保

（二）未来货权质押业务方案流程描述

签订购货相关协议——→向供应商支付货款——→供应商分次发运——→到岸卸货，以提货单质押——→支付保证金，赎单提货

1. 银行与货物监管公司中空华南物流有限公司签订《仓储监管协议》（银行格式），约定：

（1）货物监管公司根据提货单验收货物，并向银行出具以银行为货主的提单和质押物确认书，办理货物入仓手续，银行将全套单据作为《质押担保合同》项下的质押物。

（2）中空华南物流有限公司负责《质押担保合同》项下的质押物的全程监控。

2. 授信人根据提货单货物作质押，质押率为70%。

3. 指定供货商排查并发货。由指定的货物监管公司在提货单上列明该批货物系某笔合同或者某笔国内信用证项下的货物，收货人名称为：银行代武汉云山庆贸易有限公司收，指定交货地点为武汉港（黄埔港码头、新沙港码头）、阳江港码头、秦皇岛港等大型的港口码头。

4. 货到交货地点后，授信人支付70%赎货金并向银行提交提货书，凭银行出具的提货通知书到中空华南物流有限公司提货。

（三）本笔货押业务的监管库情况

1. 经营资质。中空华南物流有限公司为中央企业仓储监管企业，其资质良好，信誉度较高，抗风险能力强，是银行认可的总对总框架下合作的第三方监管公司。

2. 作业能力。中空华南物流有限公司平时作业操作规范、信誉度高，并且有与多家银行开展动态动产质押合作经验，可以满足本授信对货物的监管要求，具有比较完善的规章制度和严格的进出库程序，资金实力和信用都比

较有优势，银行采取定期或不定期对质押物进行实查，做到账实相符，确保质权的真实性、完整性，监管风险可控。

（四）风险点及控制措施

1. 货物控制。银行与货物监管公司（运输公司）签订货物监管协议，保证货物全程监管，货物质权人为武汉银行。

2. 质量控制、保险等。本次授信质押物为煤炭，属于易毁损、灭失货物，要求在仓储监管协议中约定："因保管商保管不善导致货物毁损、灭失的，使得货物变现的价款不足以清偿银行债权的，则保管商对该清偿义务承担连带责任。对于银行需要向出质人返还的货物，则由保管商负责赔偿。由于其他不可抗力、自然灾害、盗抢、意外事故等任何原因导致货物发生毁损、灭失的，均由出质人承担该损失，并且出质人应向银行补足质押财产。"

3. 上游客户供货能力。

厦门建发股份有限公司，是在上海证券交易所上市的集多项经营于一体的公司，很有实力，由于有多次大型煤炭经营实践，经验丰富，供货能力很强，信用良好。

4. 下游客户付款能力。

广东省煤炭物资有限责任公司是全资国有企业，隶属于广东省广业环保产业集团有限公司。本次贸易的终端客户为英德海螺水泥有限责任公司，该公司是安徽海螺集团在华南地区投资设立的一家大型水泥熟料生产基地，上市公司，公司实力较强，信用较好，付款能力有保证。

5. 其他管理措施。

办理授信时，银行要求企业提供贸易合同、提货单或发票等可以证实其真实贸易背景的材料或凭证。

由于考虑到货押业务操作环节复杂且烦琐，经办人员容易因为操作和监控不到位而出现不可预见风险，故提出控制措施如下：

（1）出账前由银行监控部门对质押物进行核价、核库，规避经办人员操作的道德风险。

（2）部门经办人员做好日常业务台账，并定期向负责人汇报借款人的出账、到货、赎单情况，对借款人进行动态监管，切入借款人的购销环节，及时发现借款人的购销活动的异常行为。

（3）确保供应商在指定期限内发货以及借款人在指定期限内赎单，同时严格遵循每日盯市、价格跌价预警机制，价格一旦出现10%的下跌，则要求借款人补足保证金或增加质押物，使抵/质押率不高于70%，部门经办人员应协同银行监控部人员一并做好核库、巡库、查账等监控事宜，一旦发现风险预警信号，及时向相关部门汇报，争取第一时间化解风险。

三、银行收益分析

1. 预付利息收入：5 000万元（信用证金额）×6.1%（半年期的贷款利率）×2（次）=610万元。

2. 保证金存款：5 000万元×30%=1 500万元。

3. 日均存款预计：1 500万元（保证金）+2 000万元（周转）=3 500万元。

【点评】

本案例中，煤炭经销商采取预付款融资模式，经销商首先需要银行提供融资完成预付款，而后以未来非标准仓单质押。实际上是两个煤炭经销商之间的串货行为，大型煤炭经销商凭借自己在银行的充足的授信额度，大单订购煤炭，然后分销给一些实力偏差的小型煤炭经销商。银行融资的对象就是这个小型煤炭经销商，同样风险控制的手段是煤炭货押。厦门建发股份有限公司、浙江物产集团有限公司等是全国知名的大型煤炭经销商，下游有大型的二级煤炭经销商，银行可以将这些大型煤炭经销商作为渠道类客户，由其介绍二级经销商。

【案例5】　苏州市江北祥间燃料有限公司供应链融资方案

一、企业基本情况

苏州市江北祥间燃料有限公司注册资本500万元，主要经营煤炭的批发、零售。进货渠道为进口煤炭，主要为俄罗斯煤炭。苏州市江北祥间燃料有限公司主要销售的长期客户为江苏利港电厂、苏州众茂电厂、太仓协鑫电厂、杭州湾电厂等。公司新引进一批有资源项目的经理，销售范围扩大到五大发电集团。

苏州市江北祥间燃料有限公司煤炭贸易量都在40万吨以上，销售渠道畅通。公司总资产16 924万元，资产负债率64.87%，实现营业收入35 485万元，净利润1 375万元，主营业务利润率为7.81%。

1. 上游企业情况。

货物共同供货方：河南省鸿升煤业有限公司、广西明皇国际贸易有限公司

河南省鸿升煤业有限公司注册资本2 000万元，该公司拥有煤炭经营资格证，主要经营中煤、电煤煤炭的批发销售业务，仓储面积为25 000平方米。公司管理层拥有多年的煤炭贸易经验。

广西明皇国际贸易有限公司注册资本2 000万元。该公司主要经营煤炭的进口业务以及铁矿石的国内贸易业务。公司管理层拥有多年的煤炭贸易经验，主要从印度尼西亚、俄罗斯进口电煤销售给广西的合山电厂、田阳电厂以及广东的部分电厂。截至2011年6月底，公司的电煤贸易量达到20万吨以上。

2. 下游企业情况。

华润电力物流（天津）有限公司（以下简称华润电力物流）注册资金10 000万元，为华润（集团）有限公司旗下香港上市公司——华润电力控股有限公司投资成立的。华润电力物流为华润电力集团的煤炭采购销售中心及物流配送基地，担负着华润电力旗下全部火力发电运营项目。

根据华润电力控股有限公司公布的消息：华润电力物流与华润水泥投资有限公司签订了《总煤炭供应协议》，共计约800万吨煤炭。

二、银行提供的授信方案

授信额度：人民币9 000万元

授信品种：国内信用证，即期，指定银行为议付行

保证金比例：20%

敞口融资比例：合同开证部分的80%，即合同金额的68.8%

融资期限：1年，期限内可循环使用，单笔不超过180天

上游供货方：共同供货方——河南省鸿升煤业有限公司（接证方）、广西明皇国际贸易有限公司

下游购买人：华润电力物流（天津）有限公司

发货期：45天

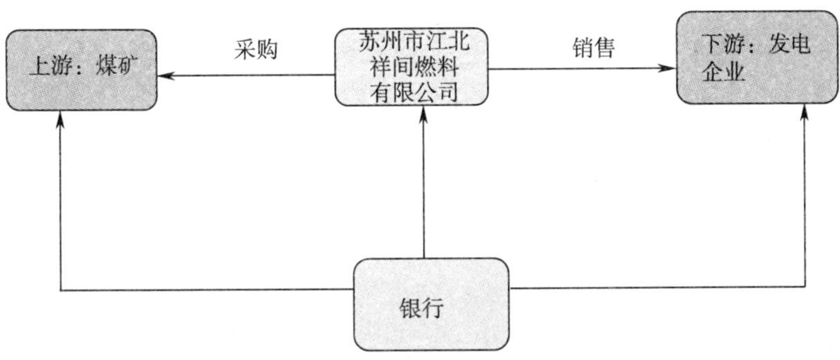

图1－13　苏州市江北祥间燃料有限公司供应链融资业务示意图

应收账款期限：华润电力物流（天津）有限公司收货后即付70%，待商检报告出具后与合同约定相符即付30%余款

授信用途：专项支付供货方煤款

货物品种：煤炭

担保方式：杭州市丰华船务有限公司承担连带责任保证

协议文本：《供应链融资三方协议》

1. 业务流程。

（1）苏州市江北祥间燃料有限公司与承购人华润电力物流（天津）有限公司签订购销合同（煤炭销售合同）。借款人、华润电力物流与银行签订《供应链融资三方协议》，约定合同项下货款必须汇到祥间燃料在银行的监管账户。

（2）苏州市江北祥间燃料有限公司与上游供煤企业（共同供货方——河南省鸿升煤业有限公司、广西明皇国际贸易有限公司）签订采购合同，合同上规定结算方式为国内信用证方式和现金结合；收证方为河南省鸿升煤业有限公司，收现金方为广西明皇国际贸易有限公司。

（3）××银行应借款人要求，开立保证金比例为20%（含）以上、受益人为供货人河南省鸿升煤业有限公司的即期国内信用证；其余合同金额14%由苏州市江北祥间燃料有限公司以现金方式与供货方（广西明皇国际贸易有限公司）结算。

（4）货到指定地点后由承购人收货，由承购人出具盖章确认（或签字）的收货证明，并支付70%的货款至银行《供应链融资三方协议》中指定回款的账户。企业印章或签字样本需预留银行，其真实性由经营部门核实。

（5）承购人接到检测机构出具的货物质量检验报告后5个工作日，即将30%余款支付至银行《供应链融资三方协议》中指定回款的账户。

（6）银行收到单据时，认真审核信用证规定的一切单据，在确定单证相符后，经借款人书面确认后向委托收款行或议付行支付货款。国内信用证的单据条款规定提供增值税发票、质量检验证书以及华润电力物流出具的收货证明等。

（7）根据煤炭销售合同和与银行签订的三方协议，承购人必须将货款汇至苏州市江北祥间燃料有限公司在银行开立的监管账户，补平敞口后，重新开立国内信用证，该授信额度可以循环使用。

（8）银行对华润电力物流（天津）有限公司进行应收账款管理。

2. 业务要求。

（1）开证时要求提供。

——借款人提供与下游的承购合同、与上游的供货合同，合同上须明确采购货物的数量、金额、结算方式等信息。

——要求苏州市江北祥间燃料有限公司与银行以及承购人签订银行格式《供应链融资三方协议》，协议中规定销售合同项下货款回款账户为银行指定监管账户。

（2）单据要求。开立国内信用证时规定提供增值税发票、运输单据、质量检验证书以及由承购人出具的收货证明（借款人需在银行预留收货证明上盖章或签字的样本）。

（3）货到承购人指定地点约20天内，承购人将所有货款汇至苏州市江北祥间燃料有限公司在银行开立的监管账户。经营单位及客户经理应密切关注承购人的回款情况，若出现供应链项下款项不能按期回款，应立即停止该供应链融资业务。

（4）若存在应收账款，需对下游购买方进行应收账款管理。

（5）应努力提高该笔业务的综合收益，原则上该笔业务项下带动的存款须不低于授信敞口的80%。

（6）禁止关联交易。

三、银行收益分析

1. 存款及结算收益：苏州市江北祥间燃料有限公司的主要结算账户转至

银行，银行每笔业务的存贷比为65.62%，存款收益明显，详细计算如下：

客户开立国内信用证时已缴纳20%的保证金，即3 600×20% =720（万元）；30天后货到华润电力物流指定的港口，经快速检验后付购货款4 400万元的70%即4 400×70% =3 080（万元）；CIQ商检报告、发票、运输单据等要素齐全后，华润电力物流付款30%即4 400×30% =1 320（万元），过程需15天左右；两天后客户持单据进行议付，则银行的存款总量为：存款总量 =720×（30+15+2）+3 080×（15+2）+1 320×2 =88 840（万元）。则日均存款 =存款总量/天数 =88 840/（30+15+2）=1 890（万元）。

银行的风险敞口为3 600×80% =2 880（万元），则银行存贷比为1 890/2 880 =65.62%。

2. 带动银行中间业务收入大幅增长。国内信用证的开立、承兑等业务带动中间业务收入增长。

【文本格式】

收货证明

致：　　　　　　公司

公司收到　　　　　　　　　　　　　公司发来的货物　　　　吨，根据《煤炭供应合同》（编号：　　　　）约定，对该货物进行质检，符合合同规定。

贵公司本次收款账户，开户行：　　　　　　　　　账号：

公司已经知晓。

公司

年　　月　　日

【点评】

本案例较为新颖之处在于使用国内信用证作为对煤炭经销商的融资及付款工具。对煤炭经销商提供流动资金贷款、银行承兑汇票和国内信用证给银行带来的风险截然不同：流动资金贷款风险最大，很难控制信贷资金用途；使用银行承兑汇票风险居中，可以一定程度地控制信贷资金用途；使用国内信用证风险最小，可以较好地控制信贷资金用途，同时借助国内信用证可以设置付款条件的天然优势，有效锁定回款资金流。

【案例6】 福田保税区夏均物流有限公司煤炭融资方案

一、企业基本情况

福田保税区夏均物流有限公司注册资本2 000万元。公司经营范围为货运代理、煤炭批发经营、批发和零售贸易、货物进出口和技术进出口。年主营业务收入5.47亿元，主营业务成本4.95亿元，毛利率为9.51%；净利润2 612.58万元，主营业务利润率为9.54%，息税前营业利润率为6.96%。总资产达11 890.87万元，总负债为7 275.7万元，流动比率为1.47，速动比率为0.79，短期偿债能力较好。资产负债率为62.21%，资产负债率适中，长期偿债能力较强。

上游主要供货商

供应商名称	交易货物品种	年交易金额（万元）	占总购买额比重（%）	合作年限（年）	备注
内蒙古聚鑫龙煤炭公司	煤	4 053	8.19	2	
鄂尔多斯巴音孟克煤炭公司	煤	8 683	17.54	2	
陕西神木石岩沟煤矿	煤	2 106	4.25	2	
陕西神木七里庙一矿	煤	1 856	3.75	2	

下游主要客户

下游客户名称	交易货物品种	年交易金额（万元）	占总购买额比重（%）	合作年限（年）	备注
福田市四矿实业公司	煤	9 036	16.52	6	
佛山高明顺成陶瓷公司	煤	13 400	24.50	8	
佛山南海蒙得利陶瓷	煤	8 164	14.92	5	
佛山新创能源	煤	7 954	14.54	2	

二、银行提供的授信方案

借款人：福田保税区夏均物流有限公司

质物：煤炭

出质人：福田保税区夏均物流有限公司

业务模式：现货质押

授信品种：流动资金贷款，可串用为信用证

供货方：内蒙古鄂尔多斯和陕西神木地区的煤矿

货权形式：动产

仓库位置：内蒙古包头市哈业胡同镇卜尔汉图村九原物流北墙院 50 亩土地；河北石家庄井迳县威州镇东街村西 3 000 平方米用地

监管人：南储仓储管理有限公司

监管模式：输出监管

监管合同及厂商银合作协议：非标准合同

盯市渠道及取值方法：中华商务网

保证金比例：0%

质押率：70%

赎货期：120 天

1. 货押业务方案流程。

（1）进货时。根据监管仓货物数量，由出质方向监管方签发质押通知书，监管方确认后签发确认回执给银行和质押方，银行按货物的市场价值确定质押货物的价值，根据出质方与供货商签订购货合同直接向供货商支付货款。由出质方自提运达监管仓，过磅进仓。根据仓库每天入库数量变化的记录情况，由出质方向监管方签发质押通知，监管方确认后签发确认回执给银行和质押方。

（2）放货时。在符合合同项下的最低数量和价值的担保物等方面的要求前提下，已储存在仓库中的超出最低数量和价值的担保物部分，监管方可根据出质人的自行办理放货。在最低数量和价值的担保物部分需要提货时，由出质方向银行提出，并根据提取货物的数量和价值补充相应价值的货物或者向银行存入足额赎货款项，银行向监管方发出放货指示。

2. 监管库情况。

仓库类型：租赁

仓库位置：内蒙古包头市哈业胡同镇卜尔汉图村九原物流北墙院 50 亩土地；河北石家庄井迳县威州镇东街村西 3 000 平方米用地

库容（仓储面积）：50 亩；3 000 平方米

经营资质：有

作业能力：有地磅、铲车和输送设备

所有权人：出租方

仓库分析（储存条件、可否独立堆放、能否按要求承担出入库管理要求）：该仓库四周建有围墙，质押物可独立堆放，可按银行要求提供出入库的管理工作。

3. 风险点及控制措施。

（1）货物控制。

南储对质押银行的质押物进行全程监管，根据仓库每天出入库数量变化的记录情况，由出质方向监管方签发质押通知，监管方确认后签发确认回执给银行和质押方。

（2）质量控制、保险等。

质押物为烟煤，出质前购买足额保险，银行为第一受益人；同时银行将对质押率进行严格控制，将质押率控制在 70% 以下，尽量降低授信风险。

三、银行收益分析

本次综合授信额度为 5 000 万元，期限 12 个月，授信品种为流动资金贷款，利率按银行规定执行，同时按规定收取货押管理费，预计综合收益达到基准上浮 60% 以上。

【点评】

本案例为广东的煤炭经销商将存放在异地的煤炭出质作为融资的案例，广东等地的煤炭经销商在山西、内蒙古等地采购煤炭资源，通常在异地与当地的煤炭供应商谈妥，首先向当地的煤炭供应商“借货”，从银行获得融资付款后，货物权属正式归属广东等地煤炭经销商名下。

【案例 7】 无锡江海燃料有限公司供应链融资方案

一、企业基本情况

无锡江海燃料有限公司注册资本 1 000 万元，企业销售收入 1.4 亿元。企业以往主要上游、下游客户有浙江物产电力燃料有限公司、无锡市浙燃煤炭有限公司、浙江亿得化工有限公司、万华工业园热电有限公司等。企业2012年往外发展客户，下半年与广州珠江电力燃料有限公司签订了30万吨的煤炭合同，计划月供5万吨，年销售收入预计可增长100%，达3亿~4亿元。

下游客户：

广州珠江电力燃料有限公司注册资本为35 967万元，由广州发展资产管理有限公司、BEST STAR INVESTMENT LINITED、广州发展煤炭投资有限公司共同出资成立。广州发展资产管理有限公司、广州发展煤炭投资有限公司为广州发展实业控股集团股份有限公司（股票代码600098）的子公司，广州发展实业控股集团主要股东为长江电力股份有限公司和广东发展集团有限公司。广州珠江电力燃料有限公司主营业务收入63亿元。

二、银行授信方案

授信额度：人民币8 000万元（6 400万元敞口）

授信品种：远期国内信用证

保证金比例：20%

敞口融资比例：单笔采购合同金额的80%

单笔开证额度：不超过与下游买家签订的单笔销售合同金额

融资期限：1年，期限内可循环使用。单笔不超过90天

下游购买人：广州珠江电力燃料有限公司

发货期：45天

应收账款期限：买家收货后20天内

授信用途：专项支付供货方煤款

货物品种：煤炭

协议文本：《供应链融资三方协议》

1. 业务流程。

（1）借款人无锡江海燃料有限公司与购买方广州珠江电力燃料有限公司签订购销合同（煤炭销售合同）。借款人、广州珠江电力燃料有限公司与银行签订《供应链融资三方协议》，约定合同项下货款必须汇到无锡江海燃料有限公司在银行的指定账户。

（2）借款人无锡江海燃料有限公司与上游供煤企业签订采购合同，合同

上规定结算方式为远期国内信用证。

（3）银行应借款人要求，开立保证金比例为20%（含）以上、受益人为供货方的远期国内信用证。

（4）供货人收到信用证后组织货源，根据合同发货，30天内发货完毕，煤炭直接运送至广州珠江电力燃料有限公司（曹妃甸专用货场），运输方式为火车，途中运输天数为3～5天。

（5）货到指定地点后由第三方检测机构检验，并出具数量、质量检验报告；购买方验收完毕后，出具盖章确认（或签字）的收货证明，并支付70%的货款至银行《供应链融资三方协议》中指定回款的账户，30%的余款在借款人开具发票给购买方后的7个工作日内结清，余款付至银行《供应链融资三方协议》中指定回款账户。购买方收货证明印章或签字样本需预留银行。

（6）银行收到单据时，认真审核信用证规定的一切单据，在确定单证相符后，向委托收款行或议付行发出承兑电。国内信用证的单据条款规定提供增值税发票、第三方检测机构出具的质量、数量检验证明以及广州珠江电力燃料有限公司出具的收货证明等。

（7）根据煤炭销售合同和与银行签订的三方协议，承购人必须将货款汇至无锡江海燃料有限公司在银行开立的监管账户，补平敞口后，可以重新开立国内信用证，该授信额度可以循环使用。

（8）银行对无锡江海燃料有限公司和广州珠江电力燃料有限公司之间销售回款进行应收账款管理。

2. 业务要求。

（1）开证时要求提供。

——借款人提供与下游的承购合同、与上游的供货合同，合同上须明确采购货物的数量、金额、结算方式等信息。

——要求无锡江海燃料有限公司与银行以及广州珠江电力燃料有限公司签订银行格式《供应链融资三方协议》，协议中规定销售合同项下货款回款账户为银行指定监管账户。

（2）单据要求：承兑时按规定提供增值税发票、运输单据、第三方检测机构出具的质量、数量检验证明以及由承购人出具的收货证明（下游买方需在银行预留收货证明上盖章或签字的样本，其真实性由经营部门核实）。

（3）货到承购人指定地点约20天内，承购人将所有货款汇至无锡江海燃料有限公司在银行开立的监管账户。经营单位及客户经理应密切关注承购人回款情况，若出现供应链项下款项不能按期回款，应立即停止该供应链融资业务。

（4）若存在应收账款，需对下游购买方进行应收账款管理。

3. 风险提示。

需对广州珠江电力燃料有限公司的回款履约能力，及是否有资质作为下游核心厂商与银行签订《供应链融资三方协议》作审核。

三、银行收益分析

此业务为开立国内信用证，保证金比率为20%，开证期限3个月，实际回款期限为开证后45天左右，总体保证金比例为55%左右，如额度用足，将有4 400万元存款，其中大部分为活期存款，且银行有开证承兑中间业务手续费收入。

【点评】

本案例中，银行对煤炭经销商办理国内信用证，同时与下游签订《供应链融资三方合作协议》，通过协议，锁定回款账户；使用国内信用证，锁定资金用途和物流，授信方案设计非常精妙，广大银行客户经理一定要仔细学习本案例。

【案例8】　成都三江阳泰电力燃料有限公司供应链融资方案

一、企业基本情况

成都三江阳泰电力燃料有限公司注册资本2 600万元，是一家专业从事煤炭贸易的企业，主要经营煤炭、焦炭、润滑油、化工产品及原料、日用品、家用电器、电子产品、建筑材料、金属制品、机械设备、塑料制品的批发和零售等业务项目。公司已与华电煤业集团有限公司、国电燃料有限公司和成都中远能源开发有限公司等企业建立了稳定友好的销售合作关系，与浙江衢州地区的上市公司巨化集团有限公司、巨宏热电和江苏利港电厂等用煤客户单位建立了长久稳定的合作关系，特别是与北京的中铁联合物流和北车物流两大企业形成战略合作伙伴，开展高度紧密合作，这将给三江阳泰企业以后的发展提供极大的活动空间，大大增加了公司经营能力，有利于公司贸易的发展，有利于获得较为可观的经济效益和社会效益，逐步实现资源、运输、销售一体化的经营方向。另外，实现年销售煤炭数十万吨，主要销售给北车公司，并一直保持着良好的合作关系。

公司计划新增电煤销售量为200余万吨，浙江巨宏热电有限公司每月购煤1.8万吨，巨化集团物资装备分公司每月购煤5万吨，福建华电可门热电厂每月购煤7万吨，国电泰州电厂每月购煤6万吨，销售状况稳定。上游客户成都中远能源开发有限公司每月可供货10万吨，中铁联合物流有限公司每月可供货10万吨，潍坊荣兴经贸有限公司每月可供货8万吨，所有公司货源得到保证。公司预计销售可达3亿元，比2011年增加一倍。

二、银行提供的授信方案

借款人：成都三江阳泰电力燃料有限公司

上游供货方：成都中远能源开发有限公司、北京中铁联合物流有限公司、成都保税区北电新盛元电力燃料有限公司、深圳市腾邦物流股份有限公司、成都国电燃料有限公司（其中成都中远能源开发有限公司不可签《厂商银合作协议》叙做预付款业务）

下游购买方：巨化集团物资装备分公司、浙江巨宏热电有限公司、福建华电可门发电有限公司、国电铜陵发电有限公司、国电泰州发电有限公司、国电镇江发电有限公司

监管方：成都中远物流有限公司

授信敞口：人民币6 000万元

授信品种：银行承兑汇票（可串用国内信用证）

保证金比例：30%（含）以上

融资比例：销售合同的70%（不超过授信敞口）

融资期限：180天内

担保方式：浙江三江阳泰海运有限公司承担连带责任保证

合同文本：《厂商银合作协议》、《在途监管协议》、《供应链融资三方协议》

1. 业务流程。

（1）成都三江阳泰与承购人签订购销合同（煤炭销售合同），并与银行

签订《供应链融资三方协议》。

（2）成都三江阳泰电力燃料有限公司与供货人签订购销合同（煤炭采购合同），合同上规定用银行承兑汇票或国内信用证结算，并与银行签订《厂商银合作协议》。

（3）××银行应借款人要求，开立保证金比例为30%（含）以上、期限为6个月内的银行承兑汇票或国内信用证给供货人。

（4）上游供货方根据煤炭销售合同及厂商银合作协议在北方四港（秦皇岛、曹妃甸、京唐港、天津港）与三源公司平仓交货，即货物装船后货权移交完毕，不再属于上游供货方。

（5）银行、监管方、借款人签订《在途监管协议》，监管方中远物流在获得并审核装船货物相应的运输单据、货权转让凭证、数量及质量证明后，向银行出具与实际相符的货物清单及单据清单等凭证。监管方从货物平仓交割后开始作海上在途监管，直至货物运送至下游指定港口。

（6）货到指定地点后由下游买方收货并质量检测，由下游买方出具有盖章确认的收货证明。监管方与下游企业完成货权与收货证明的同步交接，监管方监管责任完毕。

（7）根据煤炭销售合同和与银行签订的《供应链融资三方协议》，买方将货款汇至成都三江阳泰电力燃料有限公司在银行开立的监管账户，如买方支付银行承兑汇票，由××银行派人协同收取。补平敞口后，可以重新开立银行承兑汇票或国内信用证，该授信额度可以循环使用。

2. 业务要求。

（1）单据要求。开立银行承兑汇票时规定提供与上游企业和下游企业的购销合同、增值税发票、运输单据、质量检验证书以及由承购人出具的货权转让证明，借款人需在银行收货证明上加盖预留印章（真实性由银行核实）由中远物流定期转交银行。

（2）货到下游买方指定地点约30天内，下游买方将货款汇至成都三江阳泰电力燃料有限公司在银行开立的监管账户。经营单位及客户经理应密切关注下游买方回款情况，若出现供应链项下款项不能按期足额回款，应立即停止该供应链融资业务并追讨未结清的应收账款融资款。

（3）禁止关联交易。

3. 风险提示。

须对上游供货商是否有资质作为核心厂商并与银行签订《厂商银合作协议》作审定。

【点评】

本案例中，银行对煤炭经销商提供融资，为了控制风险，分别与上游煤炭供应商和下游电厂签订了两个《供应链融资三方合作协议》，这类上游企业多属于大型煤炭贸易商，本身也存在销售压力，所以会配合签订《供应链融资三方合作协议》（上游企业如果为大型煤矿，一般不会签订《供应链融资三方合作协议》）。这类煤炭经销商与下游电厂关系密切，会配合签订《供应链融资三方合作协议》。

【样本一】

供应链融资三方合作协议

编号：

甲方（买方）：________________
住所：________________________
法定代表人：__________________

乙方（卖方）：________________
住所：________________________
法定代表人：__________________

丙方：××银行股份有限公司
住所：________________________
负责人：______________________

鉴于：丙方同意给予乙方供应链融资额度人民币［　　　　］万元。该额度资金用于乙方的生产性或贸易性流动资金周转，以保证双方签署的采购协议（采购合同）（编号：________）的顺利履行。该融资事项具体见乙、丙双方签订的《综合授信协议》（编号为第________号）。

为保证乙方生产经营或贸易的顺利进行，及时供货，同时确保丙方的信贷资产安全，经三方协商一致，达成如下协议：

一、乙方在丙方设立监管账户，用于上述采购协议的资金结算，户名：____________________；账号：____________________；开户银行：××银行________支行。

二、甲方承诺从本三方协议签订之日起将采购协议（采购合同）（编号：________）项下所有结算资金全部划入上述监管账户，并承诺付款时间按照采购协议（采购合同）（编号：________）的第____条第____款执行；乙方承诺上述账户为该协议项下销售资金的回款账户，销售资金回款后应用于归还丙方融资款项。乙方同意丙方可直接从上述资金结算账户扣收融资款项，甲方承诺回款账户的变更须经丙方的书面同意。

三、如甲方交付银行承兑汇票作为付款手段，则甲方应将该汇票交付至××银行授权人员（汇票背书人为乙方）。××银行授权人员赴甲方处领取汇票时，应向甲方出示××银行出具的授权书或介绍信，否则甲方应拒绝向来人交付汇票。××银行收妥汇票后，通知乙方办理票据贴现，乙方有义务根据通知至××银行处办理相关票据贴现手续，贴现所得款项直接打入上述监管账户，或乙方现汇至监管账户来置换汇票。

四、丙方有权对上述资金结算账户进行监管，未经丙方同意，乙方不得动用该账户资金，该账户资金优先偿还银行融资，乙方在补平融资敞口后可以循环使用供应链融资额度，但必须在丙方的综合授信期限内。

五、乙方在收到甲方在采购协议项下的提货通知并发货后，必须在十五个工作日内提供丙方增值税发票、运输单据、甲方的收货证明和质量检验证书等有效单据，或根据丙方开出的国内信用证单据要求提供相关单据，乙方应保证所提交单据的真实性并无条件配合丙方核实。

六、甲、乙双方应严格履行上述采购协议中所规定的义务，确保协议项下每笔订单完全有效履行并积极配合丙方进行账户核对。甲、乙双方如需修订、提前中止或解除采购协议，须经过丙方同意，且乙方须按丙方要求提前归还丙方在采购协议项下的所有供应链融资款项，但下述情况，即本协议项下丙方基于对乙方的各项融资而享有的债权已获得全部清偿或乙方上述监管账户内资金余额已足以全部清偿的除外。

七、本协议未尽事宜，三方应协商解决。协商不能解决的任何一方可向丙方所在地人民法院提起诉讼。

八、本协议经甲、乙、丙三方法定代表人/负责人或授权签字人签字（或签章）并加盖公章后生效。本协议一式四份，甲方一份、乙方一份、丙方两份，具有同等法律效力。

甲方（买方）：________________
法定代表人（授权人签字人）：________公章：

乙方（卖方）：________________
法定代表人（授权人签字人）：________公章：

丙方：××银行股份有限公司
负责人：________________公章：

签订时间：____年____月____日
签订地点：________

【样本二】

在途货物监管协议书

编号：__________
甲方（债权人、质押权人）：××银行
住所：__________
负责人：________　　职务：________
联系人：________　　电话：________

乙方（债务人、质押人）：________
住所：__________________
法定代表人：____________　　职务：________
联系人：________________　　电话：________

丙方（监管方）：________　　　物流有限公司

住所：________________

法定代表人：__________

联系人：______________　　　电话：________

丁方（买方）：__________　　　电厂

住所：________________

法定代表人：________　　职务：________

联系人：__________　　电话：________

鉴于：甲、乙、丙、丁四方签订编号为________的《在途货物监管协议》（以下简称《监管协议》），约定丙方负责监管乙方质押给甲方的货物（以下统称质押物）。

甲方同意乙方将质押物自________（即起运地）运输至________码头（即目的地），相应的质押物在运输途中仍然质押给甲方，作为乙方在甲方授信债务的质押担保。

丙方自行或委托他人租用船舶，在质押物装船后负责安排将质押物运输至甲方或丁方指定的码头，丁方负责安排船舶在到港后立即卸船，丙方同意对处于运输途中的质押物按照《监管协议》的约定履行监管责任。

为完善本协议四方当事人之间的合作流程，根据《中华人民共和国合同法》、《中华人民共和国担保法》、《中华人民共和国物权法》及其相关的立法解释、司法解释等法律法规，本协议四方当事人经完全自愿、平等协商达成如下协议，供各方共同遵照执行。

一、本协议所指的运输途中是指质押物自出发港装货上船开始运输时起，直至质押物到达目的港后质押物装卸下船后，丁方出具收货通知书给丙方的全部过程。丙方对质押物装船运输时的相关运输单据应当注明收货人不可撤销为丙方代甲方。

二、丙方将质押物开始装船运输前，必须会同乙方共同签发质押物监管清单，监管清单由丙方通过特快专递邮寄给甲方，甲方的邮寄地址为：

地址：________

邮编：________

收件人：______　　　联系电话：____________

上述的签发要求及签章式样按照《监管协议》中约定的各方签发的要求

执行。每批质押物自乙、丙双方签发质押物监管清单时起纳入监管范围。丙方应在规定时间内将相应的质押物全部运输至本协议约定的目的港。

三、质押物在运输途中，丙方承担相应的监管责任。丙方必须全程控制质押物的装箱、装船、运输（包括船运、仓库至港口间的汽运）等环节。若因丙方对质押物运输过程的监控不力而导致影响甲方行使质押权的，丙方应承担相应赔偿责任。

四、丙方应保证在本协议约定的时间内将质押物运至目的港。质押物到达目的港后，丙方应立即将到港情况通知丁方；丁方必须在质押物到达目的港时出具“收货通知书”给丙方，丙方在收到“收货通知书”后应当及时将通知书交与甲方，若丁方未及时向丙方提供“收货通知书”的，丙方应当及时将该情况告诉甲方，并协助甲方直至丁方出具“收货通知书”为止。因为丁方未及时提供“收货通知书”而造成相应的滞港费用应由丁方支付，导致甲、丙损失的，丁方应当承担相应的赔偿责任，乙方承担连带赔偿责任。

五、监管期间，丙方应就质押物向甲方认可的保险人购置国内水路、陆路货物运输保险综合险和仓储险，保险第一收益人为甲方，保险费用由乙方承担。

六、质押物的实际运输目的港由乙方在符合本协议约定的范围内指定并经甲方同意。甲方处分质押物时有权通知丙方变更运输目的港而不受本协议的约束。

七、质押物在运输途中发生灭失或者短缺时，丙方应在知道或者应当知道时及时通知甲方；质押物的灭失或者短缺不能免除乙方对甲方的任何债务。乙方应按照甲方的要求另行提供质押物或偿还授信债务。若因丙方或者丙方代理人的过错导致质押物在运输途中发生灭失或者短缺，丙方应按照《监管协议》的约定对甲方承担赔偿责任。

八、本协议自四方当事人盖章并由有权人签章之日起生效，有效期为________年。

九、因签订和履行本协议产生的一切争议、纠纷，四方应协议解决或者向甲方所在地人民法院提起民事诉讼。

十、本协议一式四份，四方各执一份，每份均具同等的法律效力。

十一、本协议的质押物为监管清单所示。

甲方：____________________　　　　乙方：__________________

负责人或代理人：_________　　　　法定代表人或代理人：_________

丙方：____________________
法定代表人或代理人：_________

____年____月____日签订于________

【样本三】

监管清单

编号：_________
致：_________
按照编号为____________的《在途货物监管协议》的约定，____________公司（以下简称质押人）将下列质押物交由____________________公司（以下简称监管方）负责运输和监管。质押人和监管方同时确认：下列货物在运输途中继续质押给深圳发展银行股份有限公司。

名称	规格	重量（吨）	质押率（%）	核定单价（元/吨）	运输目的港

质押人：_________　　　　监管方：_________
____年____月____日　　　　____年____月____日

【案例9】 山东顺江电力燃料有限公司供应链融资方案

一、企业基本情况

山东顺江电力燃料有限公司注册资金5 000万元，虽为新成立企业，本身经营时间不长，但企业的几个股东均具有多年的煤炭行业从业经验，拥有丰富的人脉资源，市场嗅觉灵敏，经营手段稳健。拥有丰富的进销渠道与资源，公司多年来发展情况良好，年销售额达10多亿元。

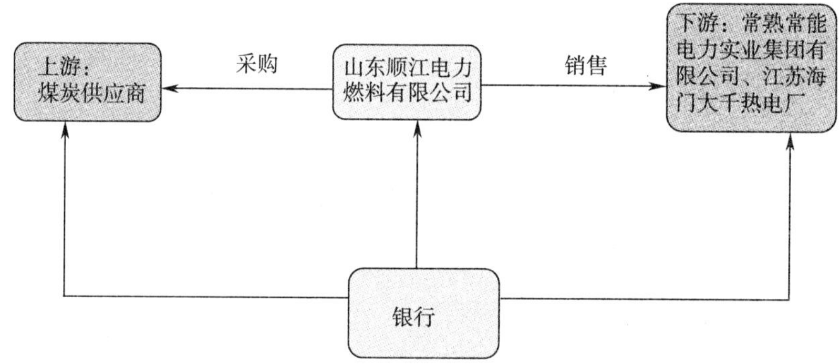

图1－14 山东顺江电力燃料有限公司供应链融资

二、银行提供授信方案

授信敞口：人民币10 000万元

授信品种：国内信用证

保证金比例：不低于30%

融资比例：销售合同金额的80%（不超过授信敞口）

融资期限：90天内

担保方式：宁波丞冠投资控股有限公司承担连带责任保证

承购人（下游购买方）：常熟常能电力实业集团有限公司、江苏海门大千热电厂等

借款人：山东顺江电力燃料有限公司

开证行：××银行

1. 业务流程。

（1）借款人（山东顺江电力燃料有限公司）与承购人签订购销合同（煤炭销售合同）。

（2）借款人山东顺江电力燃料有限公司与供货人签订购销合同（煤炭采购合同），合同上规定用国内信用证结算。

（3）××银行应借款人要求，开立保证金比例为30%（含）以上、受益人为供货人、期限为3个月内的国内信用证。

（4）货到指定地点后由承购人收货并进行质量检测，由承购人出具质量检验证书及盖章确认（或签字）的收货证明。

（5）开证行收到单据时，认真审核信用证规定的一切单据，在确定单证相符后，向委托收款行或议付行发出承兑。

（6）根据煤炭销售合同和与银行签订的三方协议，货到承购人指定的地点后，经验收合格，承购人将货款汇至山东顺江电力燃料有限公司在银行开立的监管账户，补平敞口后，可以重新开立国内信用证，该授信额度可以循环使用。

2. 业务要求。

（1）开证时要求提供：

——借款人提供与下游的承购合同、与上游的供货合同，合同上必须明确采购货物的数量、金额、结算方式等信息。

——要求山东顺江电力燃料有限公司与银行以及承购人签订银行格式《供应链融资三方协议》，协议中规定销售合同项下货款回款账户为银行指定监管账户。

（2）单据要求。开立远期国内信用证时规定提供增值税发票、运输单据、质量检验证书以及由承购人出具的收货证明（借款人需在银行预留收货证明上盖章或签字的样本）。

（3）货到承购人指定地点约30天内，承购人将货款汇至山东顺江电力燃料有限公司在银行开立的监管账户。经营单位及客户经理应密切关注承购人回款情况，若出现供应链项下款项不能按期回款，应立即停止该供应链融资业务。

（4）禁止关联交易。

3. 风险提示。

（1）常熟常能电力实业集团有限公司和江苏海门大千热电厂是否具备核

心企业的资质须由风险管理部审查。

（2）收货证明的真实性由经营部门负责核实，可采取但不限于以下方法：一是印鉴核实；二是与中燃船舶采购部门电话或当面核实，并由客户经理和经营部门负责人在收货证明上对其真实性签署意见。

【点评】

本案例充分使用国内信用证控制货流的优势，煤炭经销商签发国内信用证，设定国内信用证提交的单据为下游承购企业签发。这样可以有效锁定国内信用证的物流和资金流，实现封闭自偿。下游承购企业属于特大型发电企业，实力极强，银行为煤炭经销商签发国内信用证的风险控制依托在特大型发电企业。

银行控制风险不是因为有了担保物和抵押物，而是因为银行可以控制企业的资金流和物流。

【案例10】 天津远大能源开发有限公司供应链融资方案

一、企业基本情况

天津远大能源开发有限公司注册资本2 000万元，主营业务为煤炭批发经营。资产总额13 362万元，净资产2 048万元，完成主营收入74 459万元。公司在煤炭贸易中有上游、下游的渠道资源优势，公司的关联公司——天津市鄞州华兴煤炭有限公司以陕西煤业化工集团有限责任公司及其子公司为供应商，经营铁路煤炭，下游为五大电力集团下属等企业，在民生银行的供应链融资授信配合下，取得了良好的业绩。而远大能源公司主要经营海运煤炭，主要与中铁联合物流股份有限公司合作开拓了海运煤炭业务，在开拓陕西煤业化工集团的海运煤炭业务的同时，又与国投煤炭运销有限公司和神华集团有限公司建立合作关系，因此预计公司的煤炭贸易金额将大幅度增加。

二、银行提供的方案

借款人：天津远大能源开发有限公司

交易品种：动力煤

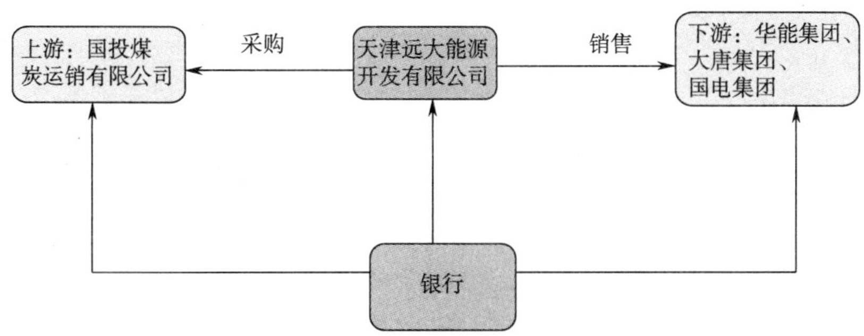

图 1－15　天津远大能源开发有限公司供应链融资

上游供货方：国投煤炭运销有限公司、陕西煤业化工集团有限责任公司及其子公司、神华集团有限责任公司及其子公司、中铁联合物流股份有限公司

下游购买方：华能集团、大唐集团、国电集团、华电集团、电力投资集团、华润集团、建筑材料集团等公司及其下属子公司

监管方：天津远大国际货运有限公司

监管地点：国内海运在途，河北秦皇岛港、曹妃甸港或京唐港

授信敞口：2 亿元

授信品种：银行承兑汇票串用流动资金贷款

保证金比例：银行承兑汇票 30%（含）以上

融资比例：预付款的 70%（不超过授信敞口）

融资期限：180 天内

合同文本：三方《监管协议》、《应收账款转让三方协议》

1. 业务流程。

（1）天津远大能源开发有限公司与供货方签订年度煤炭购销合同，明确每月采购数量、质量标准按每月业务函规定执行。

（2）银行针对天津远大能源开发有限公司所签全年采购合同数量，核定授信额度、品种，签署综合授信合同。

（3）天津远大能源开发有限公司向银行开展供应链融资业务。天津远大能源开发有限公司分别与供货方签订购销合同，银行留存一份合同正本，合同中必须明确约定：

——收货人栏填写为：××银行（代天津远大能源开发有限公司收）。

——在收到本合同项下的上游供货方货物承运发送书面函告后，天津远大能源开发有限公司须在约定天数内完成支付银行承兑汇票或货款汇至供货方银行账户上。上游供货方负责将该货物运送到银行指定监管地（河北秦皇岛港、曹妃甸港或京唐港），买卖合同项下的货物，无论何种原因导致供货方未按约定履行或未完全履行买卖合同项下的交货义务，在收到××银行汇划的支付煤炭货款后（如开立银行承兑汇票或发放贷款到期日前20天），则供货方有义务按照××银行书面通知的要求将已收到但未履行发货义务相应部分的货款退回天津远大能源开发有限公司开立在××银行的专用账户上。

——汇入××银行开立的专用账户的名称、账户号、联系人。

（4）无上述内容的购销合同，银行视为无融资要求的合同，不提供资金支持。

（5）货物由铁路运抵银行指定监管地（河北秦皇岛港、曹妃甸港或京唐港）后，由上海远大国际货运有限公司授权的天津远大国际货运有限公司具体实施监管操作。通过轨道衡记载重量，通过CCIC等有权威的质量技术检测机构出具的质检报告作为认定质量标准。据此确定银行收货金额，完成货物交接，实行多退少补。监管方远大国际货运根据相关货权证明以及相关质量检验证明，向银行出具查复及出质确认书作为货权凭证提交给银行。

（6）根据天津远大能源开发有限公司对下游用户的销售合同分别实施不同监管方式：

——提货制。货款打入银行赎货保证金账户，银行通知上海远大国际货运有限公司授权的天津远大国际货运有限公司在指定监管地（河北秦皇岛港、曹妃甸港或京唐港）直接放货。

——送货制。由天津远大国际货运有限公司与船运方签返租协议，实施国内海运在途监管。应天津远大能源开发有限公司要求，质物需销往下游指定电厂，到达目的港时间为3～7天，卸货时间为2～5天，下游指定电厂、煤检中心对煤炭的数量、质量进行检验，并在完全卸货后3天内出具质检报告。下游电厂在指定到达港共同参与质检及货权交接过程。经供需双方共同认可后，下游电厂支付全部货值的50%至天津远大能源开发有限公司在银行开立的监管账户（赎货保证金账户）。同时，天津远大能源开发有限公司（供方）、下游电厂、天津远大国际货运有限公司共同办理货权收妥转让手续，银行与下游电厂在货权转让书上签字盖章并保留其中一份正本货权转让书，复印件无效。

（7）天津远大能源开发有限公司在向上游供应商签署采购合同并需向银行作预付款融资的，其采购煤炭售与下游的电力企业，下游电力企业仍有延期支付，需银行继续给予延期融资的，这类电力企业仅限定为华能集团、大唐集团、国电集团、华电集团、电力投资集团、华润集团、建筑材料集团等公司及其下属子公司。同时要求天津远大能源开发有限公司提供与下游电厂的银行格式的企业买方付款记录。

（8）天津远大能源开发有限公司在银行出账前，须按与银行指定的下游电厂共同签署的《应收账款转让协议》，连同上述货到电厂时签订的货权转让书一并作为明确货权和应收账款转让要件。

（9）下游电厂一旦出具货权转让书，应收账款即告成立。应按《应收账款转让协议》中规定确认银行是应收账款的合法受让人，应收账款余款按约定期限 30 天内回款到银行唯一指定监管账户。

（10）从银行支付货款日至下游电厂全部回款，整个流程时间不超过 60 天。回款进入还贷保证金或赎货保证金均可置换出银行敞口用于再次循环出账。

2. 风险控制。

（1）货物控制。在送达银行指定监管地（河北秦皇岛港、曹妃甸港或京唐港）前由上游供应商承担送发货责任，如到指定监管地数量和质量出现问题由上游供应商负责补货或退款，监管地质物要求企业购买保险，第一受益人为银行；从指定监管地发往下游终端用户（从河北秦皇岛港、曹妃甸港或京唐港海运至目的港）全程由远大物流进行在途监管。监管机构与船运公司签署运输船舶返租协议，运输途中要求企业购买保险，第一受益人为银行。

（2）质量控制、保险等。货物在到达指定监管地进行一次重量和质量的检测，货物装入船舱在起运港进行第二次质量和重量检验（质检以港口国家法定煤质检验中心或商检局检验为准，重量以商检局检验的水尺重量为准）并可出具相关质检报告，运输途中要求企业购买保险，第一受益人为银行。

（3）其他管理措施。该笔业务采用场地、在途现货质押结合下游应收账款管理的模式，利用上游、下游客户实力强大、资信良好，且能配合银行签署相关协议，从而实现“矿煤电”上下游供应链融资。在下游电厂应收账款未确立前，银行委托远大国际货运进行全程在途监管，确保质押物安全。

（4）效益要求。

——全部用足额度下日均存款不少于1亿元。

——年中间业务收入不少于40万元。

（5）风险提示。

——须对上游供应商是否有资质作为核心厂商履约能力作审定。

——上游供应商与银行未签订标准版本的三方合同，在销售合同中添加退款和收货人条款。

三、银行收益分析

按授信额度2亿元测算，银行向煤炭供应商开立三个月的银行承兑汇票，30%保证金存款为6 000万元，从银行开票日期至下游电企全部回款，整个流程约在35天之内，也就是35天后回收的货款汇到银行账户上补足银行承兑汇票敞口金额，银行存款达到2亿元，第二轮30%保证金银票又开出，此时可达到银行最高存款余额2.6亿元。加上开票手续费收入，年中间业务收入40万元。

【点评】

本案例设计更为精妙，为了全套控制风险，银行提供的授信工具为银行承兑汇票，由于上游企业都属于特大型国有煤炭企业，不会接受国内信用证，因此，银行的融资只能选择银行承兑汇票。银行针对下游的电厂的应收账款，办理应收账款转让，锁定保理业务，银行风险完全屏蔽，属于较为安全的授信方案，环环相扣，步步为营。

【样本一】

全程物流监管协议

（适用于国内全程物流业务）

编号：________

甲方（债权人/质权人）：××银行股份有限公司

地址：______________

负责人：__________

联系人：__________　　电话：________

乙方（债务人/出质人）：天津远大能源发展有限公司

地址：__________

法定代表人：________

联系人：__________　　电话：________

丙方（监管人）：上海远大国际货运有限公司

地址：__________

法定代表人：________

联系人：__________　　电话：________

为保障甲方与债务人天津远大能源开发有限公司签署的编号为________的《______________》（以下简称主合同）及其项下甲方与乙方签署的《________》或《________》的履行，丙方愿意对负责运输并监管的乙方质押给甲方的商品按照本合同的约定承担监管义务与责任。三方经平等协商，按照《合同法》等法律法规，订立本协议。

第一条　法律关系

在质物监管期间，甲方为质权人，乙方为出质人，丙方为质物的监管人，乙方承诺接受丙方对于质物的监管，丙方愿意按照本协议的约定对甲方委托丙方监管的质物承担监管义务和责任。

本全程物流的运输区段为河北省唐山港曹妃甸港区国投曹妃甸港口有限公司煤炭码头堆场经沿海船舶运输至江浙沪地区五大电厂（方案批明的下游为华能集团、大唐集团、国电集团、华电集团、电力投资集团、华润集团、建筑材料集团等公司及其下属子公司）指定码头堆场，涉及的电厂及堆场分别是：

（1）唐山港：国投曹妃甸港口有限公司煤炭码头4#－8专用堆场。

（2）江苏利港电力有限公司（由江苏省投资管理有限责任公司、无锡市地方电力公司和香港新宏电力投资有限公司同投资建设）。

（3）浙江巨宏热电有限公司。

温州港

（4）国电浙江北仑第一发电有限公司。

天津港

（5）国电泰州发电有限公司。

（6）华润江苏镇江电厂。

镇江港

第二条 质物

（1）质物为乙方合法所有的财产，乙方将质物交由丙方监管时，必须向丙方提供足以证明质物所有权及数量、质量（品质）的资料（包括但不限于购销合同、增值税发票、报关单、货运单、质量合格证书、商检证明等），并对所提供资料的真实性、有效性负责。

若因质物所有权有瑕疵造成甲方损失的，乙方应承担赔偿责任。质物有隐蔽瑕疵给甲方和丙方造成损害的，乙方应当承担赔偿责任。

（2）乙方保证所提供质物不存在任何其他权利上的瑕疵，包括但不限于税务、海关、工商、商检以及环保等方面。若质物存在上述瑕疵，甲方有权立即停止债务人授信的使用，并向债务人（乙方）及乙方的担保人进行追索。

（3）乙方保证所提供质物在甲方质押期间未设定损害甲方质权的其他权利，包括但不限于设定抵押权、租赁等。

（4）运输方承运货物所签发的提货单证记载的收货人为上海远大国际货运有限公司（代××银行股份有限公司收）（××银行代乙方收），再由银行出委托书给远大货运办理接货等事宜。通知人为上海远大国际货运有限公司。

（5）甲方委托丙方代理甲方处理收货、验货、放货等相关事宜。

第三条 监管操作流程

（1）书面通知丙方关于货物海上运输的相关信息，包括但不限于装船期、交货期、装货港码头、卸货港码头、下游电厂名称、联系人等信息。

（2）丙方根据上述货物发运书面通知负责在国投曹妃甸港口有限公司（以下简称港口公司）煤炭码头专用堆场接收货物，同时收妥货物所有权书面证明及数量、质量（品质）书面证明，数量以曹妃甸港口轨道衡称重为准，质量以CCIC或三方均认可的其他第三方权威机构出具的质量检验证书为准。

（3）甲方和乙方共同向丙方签发查询及出质通知书，将商品出质的事实通知丙方。丙方应凭上述货物所有权书面证明及数量、质量（品质）书面证明向甲方签发查复及出质确认书，承诺对该查复及出质确认书上所列的质押标的依照本协议履行监管职责。

（4）乙、丙双方与双方共同认可的船公司签订《航次租船合同》，要求船舶公司根据乙丙双方的要求安排合适船舶于指定时间到达曹妃甸港，承担将货物运至指定卸货港的运输任务。

（5）根据甲、乙、丙三方与陕西大唐能源有限责任公司（以下简称大唐能源）签署的编号为________的《四方合作协议》的规定，丙方书面通知大唐能源，委托其向港口公司提出装船。

（6）船舶抵港后，乙方应积极协调相关各方，安排船舶及时靠泊作业，同时安排第三方权威机构对煤炭进行即时抽样检验，并于2～3个工作日后取得煤炭质检报告，同时复印给丙方。

（7）货物装上船后，丙方对煤炭运输船舶的舱盖板尽可能施加铅封。

（8）丙方凭港方与船方共同出具的港航货物（煤炭）交接清单再一次确定装船货物重量。

（9）船舶在指定卸货港的作业计划确定后，船舶抵港前，乙方应及时向甲方提交提货（卸船）书。

（10）甲方收到提货（卸船）书后，应及时出具提货（卸船）通知书给丙方。

（11）船舶抵达指定卸货港码头时，丙方派人到现场，根据提货（卸船）通知书安排卸船，并取得卸货港港方和船方共同出具的类似港航货物（煤炭）交接清单的文件所载明的卸货重量。

（12）该文件所载明的卸货重量与港航货物（煤炭）交接清单、查复及出质确认书、提货（卸船）书、提货（卸船）通知书不一致的，以该文件所载明的卸货重量为准，差额部分全部由乙方承担。

（13）根据甲方、乙方及甲方认可的下游电厂分别签订的编号为________的《应收账款转让三方协议》第一条规定，货物一旦卸至指定交货码头，视同买方收货。卸货完毕后，乙方应督促下游电厂与丙方（代表甲方）以上述文件所载明的卸货重量为依据于当日无条件签署货权转让书，丙方监管责任终止。如有煤炭质量问题，由乙方与收货方下游电厂协调解决。

（14）丙方将货权转让书传真给甲方并电话通知，并将货权转让书正本及时寄给甲方。

（15）丙方同时出具提货（卸船）通知书（回执）给甲方，监管流程结束。

第四条 监管责任

（1）自丙方向甲方发送查复及出质确认书之日起，由丙方按照本协议的规定履行监管责任。

（2）质押期间，丙方对监管质物承担下列监管责任：

——丙方须将乙方提供的权属凭证资料和质物资料认真核对是否相符，由于丙方过错引发的责任由丙方承担。

——装船的质物全部纳入监管范围，按照《合同法》和《航次租船合同》的规定妥善、谨慎处理质物，如对煤炭运输船舶的舱盖尽可能进行铅封等。

——质物出现变质或损毁、出质人违反本协议约定对质物进行处置、其他第三方对质物主张权利等明显不利于甲方授信安全的情况时，及时通知甲方。

——接受甲方对质物的勘验、检查、查询，出具查复及出质确认书。

——甲方出具的提货（卸船）通知书是乙方提取质物的唯一有效凭证。没有甲方出具的提货（卸船）通知书，丙方给予乙方提货的，或丙方未按照提货（卸船）通知书的规定给乙方办理提货的，丙方应对由此而造成的甲方损失承担赔偿责任。

——每日将前一日所监管质物的装/卸船和各运输节点存量的电子数据传送给甲方，并自行做好数据备份，在监管人员变动时及时通知甲方。

——在各运输节点以及出入堆场、装/卸船过程中建立完善的台账登记记录。

（3）丙方违反上述约定造成甲方质权落空的，承担相应的赔偿责任。但丙方对质物的数量误差和质量问题不承担任何责任。

（4）质物卸至交货地码头后，丙方凭卸货港港方和船方共同出具的类似港航货物（煤炭）交接清单的文件所载明的卸货重量确定质物重量。

（5）协助甲方收妥下游电厂出具的货权转让书正本。

第五条 指定工作人员及印鉴式样

（1）除另有约定外，本协议中涉及的各方指定工作人员及各方签发本协议所列及与本协议有关的其他书面文件时应使用的印鉴以本条约定为准，未使用以下预留印鉴的视为无效，质物监管期间任何一方如需变更联系人和印鉴，必须事先以印鉴变更通知书通知其他两方。

甲方指定以下工作人员为本协议项下相关事务的联系人：

姓名：________________联系电话：______________传真：__________

身份证号：____________________电子邮箱：______________________

姓名：________________联系电话：______________传真：__________

身份证号：____________________电子邮箱：______________________

姓名：________________联系电话：______________传真：__________

身份证号：____________________电子邮箱：______________________

姓名：________________联系电话：______________传真：__________

身份证号：____________________电子邮箱：______________________

通信地址：____________________邮政编码：______________________

甲方印鉴式样为：

乙方指定以下工作人员为本协议项下相关事务的联系人：

姓名：________________联系电话：______________传真：__________

身份证号：____________________电子邮箱：______________________

姓名：________________联系电话：______________传真：__________

身份证号：____________________电子邮箱：______________________

姓名：________________联系电话：______________传真：__________

身份证号：____________________电子邮箱：______________________

通信地址：____________________邮政编码：______________________

乙方印鉴式样为：

丙方指定以下工作人员为本协议项下相关事务的联系人：

姓名：________________联系电话：______________传真：__________

身份证号：____________________电子邮箱：______________________

姓名：________________联系电话：______________传真：__________

身份证号：____________________电子邮箱：______________________

姓名：________________联系电话：______________传真：__________

身份证号：____________________电子邮箱：______________________

姓名：________________联系电话：______________传真：__________

身份证号：____________________电子邮箱：______________________

通信地址：____________________邮政编码：______________________

丙方印鉴式样为：

（2）未使用上述预留印鉴签发的协议无效。

第六条 跌价补偿义务

当质物的现时市场价格与质押生效时确定的质物价格相比较跌幅大于________%时，不论甲方是否通知，乙方应在________个工作日内按照市价跌幅的比率追加保证金或追加质物；逾期未补或未补足的，视为债务人在整个授信项下的违约，甲方有权宣布授信额度提前到期，要求债务人提前偿还已使用的授信，并同时向担保人进行追索。

第七条 保险条款

远大能源发展有限公司（乙方）需在甲方认可的保险公司对质物持续购买足额保险，投保的险种需经甲方认可，保险期限直至质押解除。办理保险时需将甲方作为第一受益人，如出质前已办理质物保险的，需在甲方规定的时间内将保险第一受益人变更为甲方（如原投保额、投保险种不符合甲方规定的，应予以补办），向甲方提供保险单正本，并不可撤销地授权甲方代为接收质物的保险赔偿金，从中优先受偿担保债权。

第八条 费用及支付方式

（1）甲、乙、丙三方一致同意本协议项下对质物的监管费等费用由乙方承担。费用标准、支付时间和支付方式见费用约定书。

（2）乙方如未按照本协议约定支付相关费用的，应构成乙方在本协议的违约。丙方应书面通知乙方付款，如乙方未在收到通知之日起 7 日内付清所欠款项，丙方应书面通知甲方，甲方有义务督促乙方交清所欠相关费用。涉及质物处置的，甲方承诺质物处置所得款项优先用于清偿乙方未按约定支付给丙方的相关费用。

第九条 违约责任

（1）乙方违反本协议的，甲方有权宣布授信提前到期，立即要求债务人清偿全部已发放的授信并有权停止发放未发放的授信。

（2）丙方为全程物流运输的总承运人。由于丙方自身、代理人或区段承运人在运输或监管中的任何故意或过失行为，造成甲方质权全部或部分落空的，丙方应就质权落空的部分向甲方承担第一顺位的赔偿责任。

第十条 乙方、丙方的声明与保证

（1）乙方、丙方在法律上有资格签订和履行本合同，并且签订和履行本合同已获得其董事会或任何其他有权机构的充分授权（如需授权）。

（2）乙方、丙方保证提供的各项资料是真实、合法、有效的，不含有与事实不符的任何重大错误或遗漏任何重大事实。

（3）乙方不得擅自向丙方办理提货（卸船）或换货手续，若确需办理，必须征得甲方的同意。

（4）乙方承诺对质物的数量误差和质量问题承担全部责任。

第十一条 其他

（1）在协议生效期间，甲方对乙方和丙方的任何违约或延误行为施以任何宽容、宽限或延缓行使本协议内甲方应享有的权利，均不能损害、影响或限制甲方依本协议和有关法律规定应享有的一切权利，不能作为甲方对任何破坏本协议行为的许可或认可，也不能视为甲方放弃对现有或将来违约行为采取行动的权利。

（2）经各方协商一致，可修改或解除本协议，修改或解除合同的协议应采用书面形式，经三方签字盖章后，视为本合同的一部分。

第十二条 法律适用及争议解决

本协议按中华人民共和国法律订立，适用中华人民共和国法律。协议履行中如发生争议，甲、乙、丙三方应进行协商或调解；协商或调解不成的，应按以下第________项规定的方式解决争议。

（1）由____________________仲裁委员会仲裁。

（2）向甲方所在地人民法院和/或海事法院提起诉讼。

第十三条 本协议经三方当事人签字（或加盖签名章）、盖章后生效。

第十四条 本协议一式三份，每方各执一份，每份均具有同等的法律效力。

第十五条 本协议附有以下附件，其为本协议不可分割的部分，与本协议正文有相同的法律效力。

1. 查询及出质通知书
2. 查复及出质确认书
3. 提货（卸船）书
4. 提货（卸船）通知书
5. 费用约定书
6. 印鉴变更通知书

甲方单位盖章：

负责人或委托代理人签字：

____年____月____日

乙方单位盖章：

法定代表人或委托代理人签字：

____年____月____日

丙方单位盖章：

法定代表人或委托代理人签字：

____年____月____日

1. 查询及出质通知书

（质权人和出质人共同签发）

编号：____________

上海远大国际货运有限公司（监管人）：

贵公司同意为天津远大能源发展有限公司（以下简称出质人）装于贵公司与其共同租赁船舶的下列货物进行保管，并出具下列凭证。根据有关质押合同的规定，出质人的以下商品（明细见下表）业已质押给××银行股份有限公司，现将有关质押事实通知贵单位，并请贵单位核实以下商品是否已经装于贵公司与天津远大能源发展有限公司共同租赁的船舶（船名：________，航次：________），外理公估处向船方出具的港航货物（煤炭）交接清单是否由贵单位严格核对，以下如确认无误，请贵单位严格按照编号为________的《全程物流监管协议》规定履行监管职责。

名称	规格	重量	数量	生产厂家	凭证号

质权人：××银行

出质人：天津远大能源发展有限公司

____年____月____日

查询及出质通知书（回执）

（监管方签发）

××银行：

公司已收到贵行与天津远大能源开发有限公司共同签发的编号为________的查询及出质通知书。公司将对质物进行清查核对，并据此出具查复及出质确认书，同时公司将恪守《全程物流监管协议》的约定，对查复及出质确认书上列明的质物履行占有、保管、监管以及运输责任。

监管方：
有权签字人签字：
____年____月____日

2. 查复及出质确认书

编号：________________

××银行股份有限公司：

贵行与天津远大能源发展有限公司（以下简称出质人）共同签发的编号为________的查询及出质通知书，单位业已收到。公司同意为出质人装于公司与其共同租赁船舶的下列货物进行保管，并出具下列凭证。单位确认港航货物（煤炭）交接清单由向船方出具港航货物（煤炭）交接清单所对应的商品已经装于公司与出质人共同租赁的船舶（船名：________，航次：________），单位对港航货物（煤炭）交接清单的真实性、有效性负责。单位业已知晓以下商品（明细见下表）已质押给××银行股份有限公司，单位将严格按照________号《全程物流监管协议》的规定履行占有、保管和监管职责。

名称	规格	重量	数量	生产厂家	凭证号

监管人签章：
年　　月　　日

3. 提货（卸船）书

编号：________

××银行股份有限公司：

根据第________号《全程物流监管协议》的约定，本公司：（在选择项内打“√”）：

□本公司已将共计________万元的保证金/款项划入本公司在贵行开立的保证金账户上，该笔保证金作为编号为第________号的________项下债务的质押担保。

□已归还编号为第________号贷款合同项下________万元贷款。

□已归还编号为第________号银行承兑协议项下________万元银行承兑汇票款项。

□本公司以本公司持有的号码为：________，出票人为________，金额为________，收款人为________的银行承兑汇票作为编号为________的________项下债务的质押担保。

□本公司以本公司持有的品名为________，数量/重量为________的货物作为编号为________的________项下债务的质押担保，具体内容见相关的质押合同。

□其他

现单位向贵行办理装于上海远大国际货运有限公司与本公司共同租赁的船舶（船名：________，航次：________）的下列货物的提货（卸船）手续，提货的清单见下表，请予以办理提货手续为盼！

名称	规格	重量	数量	金额	凭证号	备注

天津远大能源发展有限公司

____年____月____日

4. 提货（卸船）通知书

编号：________

上海远大国际货运有限公司（监管人）

根据________号《全程物流监管协议》的约定，经审查，本行同意天津远大能源发展有限公司前来办理下列货物的提货（卸船）手续，提货（卸船）的经办人为________、身份证码：________。

请贵公司予以审核并办理以下货物的提货（卸船）手续为盼！有关提货（卸船）费用由____________________公司支付，提货（卸船）后____________________公司将以空/重水尺报告为依据，自动出具货权转让书给银行，贵公司对所提货物的监管责任自行终止。

名称	规格	重量	数量	金额	凭证号	备注

××银行股份有限公司（预留印鉴）

有权人签字：

____年____月____日

提货（卸船）通知书（回执）

编号：________

××银行：

根据贵行签发的________号提货（卸船）通知书和第________号《全程物流监管协议》的约定，本公司已办理____________________公司以上提货（卸船）通知书的提货（卸船）（明细见下表）。

名称	规格	重量	数量	金额	凭证号	备注

监管人（盖章）：
____年____月____日

5. 费用约定书

根据编号为________第________号《全程物流监管协议》的约定，甲、乙、丙三方一致同意由乙方承担丙方对本协议项下质物实施监管而发生的全部费用，包括监管费，1~2名驻港监管员的办公、住宿、交通、伙食费用等。丙方派驻港口监管员的工资，监管员轮岗的交通费用，则由丙方自行承担。

收费标准为：1. 存放于曹妃甸港区煤炭码头堆场的质物，监管费为0.50万元/吨；2. 通过海运方式运至乙方下游客户电厂码头的质物，监管费为1.00万元/吨；3. 乙方确保支付给丙方的监管费不少于人民币40万元/年。

支付时间为：1. 三方监管协议签署后，乙方每三个月提前支付给丙方人民币10万元整；2. 如果三个月合计的监管费超过10万元，超过部分在随后提前支付的人民币10万元整数上追加，年度协议最后一季度的追加部分（如有）则在年度项目结束后5个工作日内补付。

支付方式为：丙方开具监管费发票，乙方根据发票上显示的账号通过银行汇款。

乙方应按照约定按时全额支付丙方全部费用，否则按照《全程物流监管协议》的第八条第二款执行。

甲方盖章：　　　　乙方盖章：　　　　丙方盖章：

有权签字人签字：___　有权签字人签字：___　有权签字人签字：___
____年____月____日　____年____月____日　____年____月____日

6. 印鉴变更通知书

根据编号：________《全程物流监管协议》的规定，公司/银行对协议中指定的工作人员及/或预留印鉴进行变更，现通知贵方，自本通知送达贵方之日起指定工作人员及/或预留印鉴以变更后为准。

新的指定工作人员为：____

姓名：________________联系电话：______________ 传真：__________

身份证号：____________________电子邮箱：______________________

姓名：________________联系电话：______________传真：__________

身份证号：____________________电子邮箱：______________________

通信地址：____________________邮政编码：______________________

新印鉴式样为：

通知方（原预留印鉴）：

____年____月____日

印鉴变更通知书回执：

贵公司/贵行的印鉴变更通知书收悉，《全程物流监管协议》项下具体义务的履行及各项文件的签发以新的印鉴样式及/或指定工作人员为准。

被通知方（签章）：

____年____月____日

【样本二】

应收账款转让三方协议

编号：________

甲方：____________________（买方）

乙方：天津远大能源开发有限公司（卖方）

丙方：××银行

为加强银、企、商合作，促进供需双方业务的顺利开展，现三方经友好协商，达成如下协议：

一、根据甲乙双方签订的《煤炭购销合同》（合同编号：________________），丙方给予乙方一定金额的授信，专项用于采购煤炭供应给甲方。乙方将其基于上述基础交易合同所产生的全部应收账款均转让给丙方，丙方成为上述合同项下应收账款的合法受让人。

二、乙方按《煤炭购销合同》条款规定，将煤炭运送至合同指定的交货地，经对煤炭的重量和质量检验后（通过国家级煤炭检验机构检验），由甲方与丙方的指定监管方________________办理货权转让手续，并由甲方向丙方提交货权转让书后，即视同甲方已收到丙方交付的货物。

三、甲方承诺：将支付给乙方的《煤炭购销合同》（合同编号：________________）项下的所有款项划至以下唯一指定监管账户。收款单位：天津远大能源开发有限公司；账号（监管账户）：____________；开户行：××银行。此账户为指定的甲方唯一付款账户，其用途应用于归还丙方融资款项。乙方同意丙方可直接从该账户扣收融资款项。

四、甲方一旦出具货权转让书，应收账款即告成立。

五、本协议未涉事宜按甲乙双方《煤炭购销合同》条款办理。

六、本协议一经签署各方须严格遵守，否则由此导致守约方的一切损失，违约方应予以全部赔偿。

七、本协议一式四份，甲、乙双方各执一份、丙方执二份，作为履约依据，具有同等法律效力。

甲方：（盖章）

法定代表人或委托代理人：________________

乙方：（盖章）
法定代表人或委托代理人：________________

丙方：（盖章）
负责人或委托代理人：____________________
____年____月____日

【样本三】

货权转让书

（卸货港专用）

编号：________

____________________公司：

根据贵公司与天津远大能源开发有限公司于____年____月____日签订的《煤炭购销合同》（合同号：________）条款内容及____年____月____日签订的业务函（编号为：________）条款内容，银行委托监管方已将下列货物转交给贵公司。

1. 品名：煤炭
2. 产地：____________
3. 船名：____________
4. 目的港：__________
5. 到货数量：________吨
6. 品质：____________
7. 转让时间：____年____月____日

交货方：________________　　确认方：________________
××银行________________　　____________________公司

代表签字：______________　　代表签字：______________

备注：

本货权转让书经交货方与确认方盖章签字后生效，即确认方已收到交货方上述内容的货物。

本货权转让书以正本为准，复印件及传真件无效。

【案例11】　安徽光矩能源供应链融资方案

一、企业基本情况

安徽光矩能源有限公司资本金为1 000万元，现主营焦炭、铁矿石批发。公司下设太原、天津、连云港三个办事处，拥有员工20人。与安徽中晋燃料物资有限公司、杭州泽凯物资有限公司属同一集团内单位，之所以设立新公司的原因：一方面可以以两个公司名义向上游争取到更多的焦炭指标；另一方面给下游供货时用两家公司名义供货，可以加大供货量，做到资源平衡。

二、银行提供的授信方案

授信人：安徽光矩能源有限公司

授信品种：银行承兑汇票，串用国内信用证

其针对柳林县浩博煤焦有限责任公司的采购仅允许国内信用证结算

授信金额：敞口10 000万元

期限：1年，期限内可循环使用，单笔不超过6个月

授信用途：用于购买焦炭，支付供货方货款

货物品种：焦炭、铁矿石

供货方：仅限于焦炭集团国内贸易有限公司（银票结算，串用国内信用证）；

新兴河北冶金资源有限公司（银票结算，串用国内信用证）；柳林县浩博煤焦有限责任公司（仅限于国内信用证结算）

下游企业：仅限于杭州煤炭股份有限公司、安徽物产金属集团有限公司、安徽杭煤国贸有限公司

合作协议：需经银行法律合规部审核同意的协议文本

保证金比例：开票保证金不低于50%；开证保证金不低于30%

发货期：银票结算方式下发货期不超过4个月；国内信用证到期补足敞口

银票结算项下担保方式：分别存放于供货方仓库，并且由供货方监管，

由上述供货方承担未发货退款责任

三、业务流程

（一）银票项下供应链融资方案业务流程

1. 授信人安徽光矩能源有限公司向银行递交授信申请，银行和安徽光矩能源有限公司、供货方签订三方协议。

2. 银行为其提供10 000万元敞口授信额度（开票不低于50%保证金）。

3. 安徽光矩能源有限公司开出以供货方为收款人的银行承兑汇票。

4. 根据银行和安徽光矩能源有限公司、供货方签订的三方协议，货物从供货方处发出时必须凭加盖银行预留印鉴的发货通知书。

5. 安徽光矩能源有限公司在银行存入相应发货保证金后，供货方以银行出具的发货通知书为唯一凭据，向安徽光矩能源有限公司发放货物，发放的货物价值＝存入的发货保证金/融资敞口率。

6. 如果银行承兑汇票到期前10个工作日（根据货物的不同，可以适当调整），保证金仍未缴足，即安徽光矩能源有限公司提货总金额低于银行承兑汇票票面金额时（买方未能偿还债务），银行将向供货方书面提出退款要求，供货方必须在银行书面退款要求的10个工作日内将未发货部分（收到银票金额减去已发货金额）余款退回到安徽光矩能源有限公司在银行开立的专用账户内。

（二）国内信用证项下供应链融资方案业务流程

1. 授信人安徽光矩能源有限公司向银行递交授信申请，银行为其提供10 000万元敞口授信额度（限定用于开立国内信用证，保证金比例不低于50%）。

2. 安徽光矩能源有限公司开出以供货方为受益人的国内信用证。国内信用证条款约定单据要求为：正本增值税发票原件、运输单据、安徽光矩能源有限公司下游企业或下游企业的销售终端煤厂（下游企业仅限于杭州煤炭股份有限公司、安徽物产金属集团有限公司、安徽杭煤国贸有限公司）的收货证明（下游企业需在银行预留加盖在收货证明上的印鉴或签字的样本，每次由客户经理对收货证明进行核印或确认签字的真实有效）、安徽光矩能源有限公司下游企业或下游企业的销售终端煤厂出具的焦炭质检报告等。

3. ××银行收到单证相符的单据后进行承兑或议付，议付的货款扣除贴现利息和议付费用后打入供货方在银行的账户（利息和费用可以由买方支付）。

4. 安徽光矩能源有限公司的下游企业或下游企业的销售终端煤厂收到货

物后验收合格付款，根据约定，下游企业支付货款到银行指定账户，补平敞口后，安徽光矩能源有限公司可以重新开立信用证，该额度可以循环使用。

【点评】

本案例中，客户经理设计授信方案非常缜密，针对这个煤炭经销商的不同上游供应商，分别设定不同的授信品种，客户经理设计授信方案非常用心。针对上游为特大型国有煤炭供应商，银行对煤炭经销商提供银行承兑汇票或封闭贷款；针对上游为中小民营煤炭供应商，银行提供国内信用证，以国内信用证控制中小民营煤炭供应商必须发货。

【案例12】　烟台韵时股份有限公司并购贷款授信方案

一、企业基本情况

烟台韵时股份有限公司是一家主板上市公司，但主营业务不突出，盈利能力较弱，虽然年销售收入19亿元，但净利润仅300多万元。烟台韵时股份有限公司已经拥有105万吨/年的焦煤产能，另有90万吨/年产能的煤矿已经达成收购协议，预付定金1.5亿元，还须付款3亿元。为筹集资金进行煤矿收购以达到政府要求，公司定向募集资金6.4亿元，预计2011年6月增发成功。公司为抢占优质煤矿资源，必须在3月底前完成付款3亿元，但前期收购使烟台韵时股份有限公司资金极为紧张。烟台韵时股份有限公司急需3亿元进行收购，但定向增发在短期内无法完成。同时股东会决议通过可以以自筹资金或银行贷款进行先期付款，待增发完成后还款。

二、银行提供的授信方案

授信方案：

给予烟台韵时股份有限公司综合授信3亿元，担保方式为：

1. 现有2个煤矿采矿权抵押和收购煤矿采矿权抵押，如放款前无法办理抵押手续，需出具股权会决议承诺抵押且不会向第三方抵押，股东决议须公证并由上市公司公告。

2. 实际控制人个人无限责任担保。

3. 油品贸易资金的三分之一在银行指定账户往来，银行进行监控。

4. 在银行开立定向增发账户。

5. 收购煤矿的煤炭销售资金在银行结算，监控该矿的销售情况。

涉及产品：

主打产品：高收益新兴市场业务

辅助产品：流动资金贷款

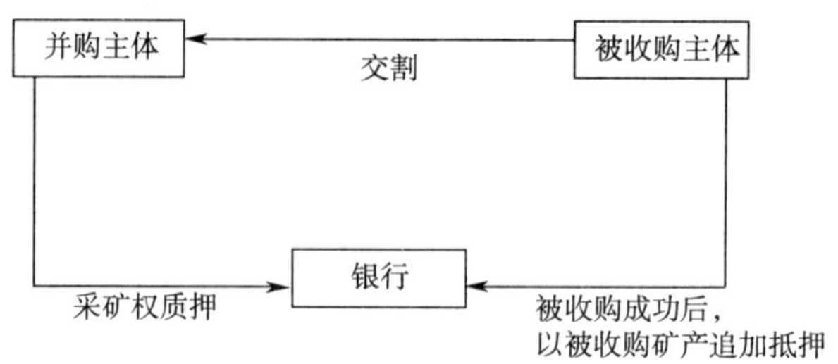

三、银行收益分析

银行收益：

1. 贷款利息收入：贷款利率上浮30%，带来非常可观的利息收入。

2. 中间业务收入：收取油品贸易咨询费、融资结构设计费、后续融资顾问费、客户信息费等费用合计2 000万元。如1年内不能结清贷款，则追加后续资金顾问费1 000万元。

3. 创造存款：与客户签订协议，将全部定向增发募集的资金由银行监管，该公司以后增发6亿元，全部进入银行归集账户。

在烟台韵时股份有限公司3亿元高收益新兴市场业务操作完成后，银行又为该公司设计并批复了3年期达5亿元的高收益新兴市场业务授信方案（方案与首次类似）。在该公司增发成功后，原来的3亿元授信已经收回，新批复的5亿元授信已经成功发放。一次性收取中间业务收入3 000万元。

【点评】

这个案例属于非常经典的并购贷款案例，银行对一个大型民营企业提供并购贷款，用于收购中小能源物资企业的股权，这类贷款价值极高，属于企业急需的品种。操作得当，会给银行带来非常可观的回报。并购贷款最重要的就是控制并收购资产的交割环节，实现对被收购主体资金流的控制。在山西、陕西等地，为了降低煤炭事故，政府强令各地小煤矿被大型煤矿收购，这对很多异地的大型实力型企业都是一次获得暴利的机会，需要短期筹集大量的资金，产生了并购贷款的需求。

【案例13】　湘潭市华业煤炭经销有限公司应收账款融资方案

一、企业基本情况

湘潭市有华东、华南煤炭精选运销基地的美誉，地处晋煤南运咽喉要道，该市就已经发展成辐射华东、华南的煤炭精选运销基地。近年来，该市依托独特的区位和煤炭铁路专用线优势，辖区内煤炭企业发展到165家，年煤炭经营额高达20多亿元。由于金融海啸“寒流”冲击，与经济密切相关的煤炭行业首当其冲成为“重灾区”，而作为华东、华南煤炭精选运销基地的山王庄镇更是雪上加霜，融资难使该镇的许多煤炭运销企业深陷困境。一方面，大电厂、大钢厂拖欠的煤炭货款急剧增多；另一方面，煤厂贷款难、融资难的问题更加突出。

某银行一直在寻找进入当地煤炭行业的思路。

二、银行提供的授信方案

1. 镇政府认真筛选诚信纳税、生产正常、有足够抗风险能力、有经营规模和经济实力的企业，推荐给银行。

2. 银行对借款人进行审批，严格审核煤炭供应合同，下游买方的实力信誉等，要求下游客户必须是经营规模较大的火电公司、热力公司等客户。

3. 银行批准后，银行与煤炭经营企业和煤炭采购商之间的三方签订保理合同，并组织四家煤炭经营企业签订联保协议；同时，四家联保企业法定代表人和企业实际控制人夫妻双方一起在所有贷款文件上签字，共同承担无限连带还贷责任。

华伟公司经镇政府牵线搭桥，依托银、政、企合作平台，从某银行支行获得保理融资500万元。辖区内民胜、正新、华伟、万宝、恒煜等9家煤炭企业在该支行共获得保理融资6 200万元。

煤炭行业由于资金量较大，属于上游能源行业，一直是某银行非常热衷进入的行业。银行在为当地煤炭企业进行集体“把脉”后认为，煤炭经营企业一没土地、二没设备，很难通过传统的抵押贷款方式获得银行的融资。该地经济有两大优势：一是下游客户规模大、信誉好，都是全国有名的大电厂、大钢厂和其他大企业；二是煤炭在本地已经形成产业集群，煤炭经营厂家众多，煤炭堆积如山，企业之间关联度高。在该区域内可以积极发展“应收账款保理”。

【点评】

银行认为，以镇政府作为特殊资源，以“应收账款保理”为贷款工具，以“企业联保”为风险防控机制，由政府向银行推荐企业，银行筛选后提供融资。

煤炭经销商属于特别的客户群体，连接煤矿和用煤客户，这类煤炭经销商资金流量很大，现金流充沛。如果可以控制资金流，将可以有效提高银行的存款回报。

本案例中，银行灵活使用担保手段：采取“应收账款质押＋联保”作为手段，有效地控制了授信风险，同时可以批发营销煤炭经销商客户群体。

【案例14】　江西省靖会县河口信用社中小煤炭企业联保贷款方案

一、企业基本情况

江西省靖会县江范煤炭有限责任公司注册资本仅为152万元。主要从事煤炭生产和销售。江西省靖会县江范煤炭有限责任公司资产总额达到1 122万元，其中固定资产738万元，所有者权益为988万元，资产负债率12%，当年实现销售收入1 097万元，公司员工达到180人，年生产原煤能力达到3万吨。类似江西省靖会县江范煤炭有限责任公司的中小煤炭经销商达到了200多家。该乡主要以煤炭为支柱产业。中小型煤炭企业在该乡的经济发展中起着主导作用。

二、银行提供的授信方案

某银行经过多次实地走访、调查，了解到本地大部分煤炭公司各种证照

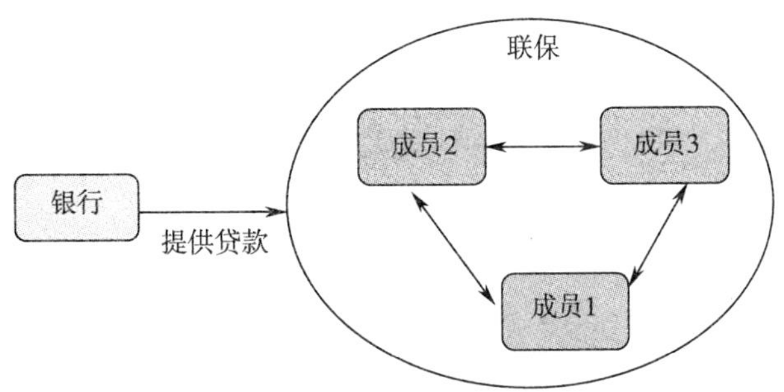

齐全，安全达标。所开发的煤层稳定，煤质较好，售价较高，具有较好的发展前景，值得银行大力拓展。在明确方向后，银行决定将中小企业融资的突破口放在中小煤炭流通企业上。

银行主动加强与乡政府相关部门的联系与沟通，广泛收集中小企业基本信息，建立中小企业信息档案，从中选取中小企业贷款客户。为了控制风险，可以提供企业联保贷款，实行以大带小的企业联保组合，即在经济实力强的企业为经济实力相对较弱的企业提供担保的前提下，为其提供贷款支持。

1. 银行与当地政府合作，由当地政府向银行推荐本地中小煤炭公司。

2. 银行挑选 25 家中小企业基本符合本行的贷款要求，平均每家贷款金额在 80 万元左右。

3. 银行要求 3 户组成联保贷款客户，中小煤炭公司提供“七证一卡”即企业法人代表身份证、企业营业执照、企业代码证、税务登记证、采矿许可证、煤炭生产许可证、煤矿矿长安全工作培训证和企业贷款卡。

江范煤炭有限责任公司与石板垭煤炭有限责任公司、杨家沟煤炭有限责任公司与左家煤炭有限责任公司结成联保对子，银行发放 500 万元流动资金贷款。

【点评】

银行发展中小企业一定要结合本地的区域优势经济，偏爱资源型行业、资金密集型行业，比如煤炭、油品、汽车、钢铁、有色金属等，很方便银行提供大额的融资。银行同时可以吸收可观的存款。除了银行贷款需要的常规资料外，对中小煤炭生产企业，可以考虑要求提供：采矿许可证、煤炭生产许可证、煤矿矿长安全工作培训证等行业资料。

【案例15】 石家庄市煤贸企业四户联保批量授信方案

一、企业基本情况

石家庄市现有煤炭企业30余家，生铁、粗钢、煤炭的产量已分别达3 200万吨、3 100万吨、2 600万吨。煤炭产品主要为热卷、冷卷、带钢、中厚板、薄板等。煤炭经销商分为两类：一类是一级代理商直接从厂家进货，面向现货市场和二级经销商销售，保证一定量的进货，已从电厂拿到相对优惠的价格；另一类是二级经销商有比较固定的销售渠道，但总量较小，从电厂或一级经销商处拿货。一级经销商融资能力相对较强，银行多通过保兑仓或现货质押、未来货权的方式给予授信；二级经销商往往规模中等，担保物不足，融资比较困难。

1. 石家庄市军祥物资有限公司。

企业经营情况：

石家庄市军祥物资有限公司注册资金200万元，地理环境优越，交通便捷，物流畅通。经营范围主要为煤炭。该公司现有员工18人，下设财务部、业务部、运输部、信息部等部门。该公司信誉良好，销售渠道畅通，市场定位较好，客户稳定。月均销售煤炭6 000～10 000吨。该公司年销售煤炭8.848万吨，销售收入30 288万元。

公司上游企业：公司常年稳定合作的上游订货单位是中煤集团、河北大宇物流（每月协议供应煤炭2 000吨，可提供10 000吨现货资源）。两家订货占比在80%以上。付款方式为每月25日付清下月全部货款。因此军祥物资有限公司供应渠道有良好保障。

公司下游企业：该公司销售商为河北永安线路器材有限公司、新乡华凌物资有限公司、石家庄市博鑫煤炭贸易有限公司、石家庄市宇辉物资有限公司、梁山县盛通挂车厂等。

2. 石家庄市日达物资有限公司。

石家庄市日达物资有限公司注册资金500万元，公司主要经营煤炭等。该公司现有员工26人，下设财务部、业务部、运输部、信息部等部门。该公司信誉良好，销售渠道畅通，市场定位较好，客户稳定。月均销售煤炭

6 000～10 000 吨。该公司年销售煤炭 7.2 万吨，销售收入 15 485 万元，净利润为 346 余万元。主要销售煤炭品种为中金冶金生产的薄板、卷板。

公司上游企业：公司常年稳定合作的上游订货单位是河北物产金属（每月协议供应煤炭 3 000 吨，可提供 6 000 吨现货资源）、河北中金有限公司（日达物资有限公司为一级经销商，每月协议供应煤炭 3 000 吨，可提供 6 000 吨现货资源）、邢台富达、天津益富隆；以上供应商订货占比在 90% 以上，付款方式为每月 25 日付清下月全部货款。因此日达物资有限公司供应渠道有良好保障。

公司下游企业：潍坊鲁昌、临沂瑞源、扬州中宇、献县鑫汇、烟台恒信等。公司凭借销售的产品具有价格和品种竞争优势，均做到先付款后发货。

3. 石家庄市源泉物资有限公司。

石家庄市源泉物资有限公司注册资金 200 万元，公司经营范围为煤炭，下设财务部、业务部、运输部、信息部等部门。该公司信誉良好，销售渠道畅通，市场定位较好，客户稳定。月均销售煤炭 8 000～10 000 吨，该公司年销售煤炭 7 万吨，销售收入 24 000 万元。主要销售煤炭品种为中金冶金生产的薄板、普板、卷板。

公司上游企业：河北中金冶金有限公司（源泉物资有限公司为一级经销商，每月协议供应煤炭 10 000 吨，可提供 15 000 吨现货资源）；以上供应商订货占比在 90% 以上，付款方式为每月 25 日付清下月全部货款。因此源泉物资有限公司供应渠道有良好保障。

公司下游企业：长沙坤裕，唐山中盈，天津冶金，天津圣炎祥，献县鑫汇，许昌远方工贸有限公司等。公司与以上客户均签有长期供销合同。

4. 河北日和贸易有限公司。

企业经营情况：

河北日和贸易有限公司注册资金 300 万元，为民营煤炭贸易型企业，该企业为新建企业但法定代表人从事煤贸经营五年以上，原为其他煤贸企业实际管理人，管理经验丰富，对煤炭市场变化把握准确。公司主要经营煤炭。该公司现有员工 12 人，下设财务部、业务部、运输部、信息部等部门。该公司信誉良好，销售渠道畅通，市场定位较好，客户稳定。月均销售煤炭 5 000～8 000 吨。该公司年销售煤炭 4 万吨，销售收入 14 000 万元。

公司上游企业：河北物产（每月协议供应煤炭 3 000 吨，可提供 6 000 吨现货资源）、邯宝（日和贸易有限公司为一级经销商，每月协议供应煤炭3 000

吨，可提供5 000吨现货资源）、北京中铁（每月协议供应煤炭1 500吨，可提供3 000吨现货资源）、邢台富达等。以上供应商订货占比在90%以上，付款方式为每月25日付清下月全部货款。因此日和贸易有限公司供应渠道有良好保障。

公司下游企业：石家庄旭展物资有限公司、徐州巨恒、石家庄市宇辉物资有限公司、石家庄市通丰华俊物资有限公司、襄樊铁庄、十堰市双诚等。公司与以上客户均签有长期供销合同，做到先付款后发货。

二、银行提供的授信方案

<table>
<tr><td rowspan="6">联保方案</td><td>融资模式</td><td>联保小组授信总额（万元）</td><td>保证金比例（%）</td><td>最大单一授信敞口</td><td>授信品种</td><td>补充说明</td></tr>
<tr><td>4户联保+实际控制人个人连带保证</td><td>5 600</td><td>25</td><td>≤1 050</td><td>30%保证金的银行承兑汇票</td><td>联保小组组长为石家庄市博云物资有限公司。</td></tr>
<tr><td>主要风险点</td><td colspan="5">主要风险点为：
1. 经营和财务变化情况，经营业绩严重下滑，导致担保能力不足。
2. 法人代表抽逃公司资产至其个人名下。
3. 资金挪作他用，或借款企业未经银行同意随意处置资产。</td></tr>
<tr><td>风险控制措施</td><td colspan="5">为防范授信风险，采取以下控制措施：
1. 建立准入制度。
2. 做好授信的风险预警工作。
3. 缴纳风险保证金，设立风险保证金账户。
4. 追加企业法人代表或实际控制人个人或夫妻无限连带责任保证。
5. 授信种类及用途限制，监管授信资金使用。</td></tr>
<tr><td>综合效益情况</td><td colspan="5">1. 多个企业+风险保证金+实际控制人三者联合担保，有效地降低了银行贷款风险。
2. 积极营销中小客户，开发新的利润增长点，改善金融经营状况。
3. 开发优质客户，构建新的产业客户链，利用市场缝隙，抢占市场。
4. 联保企业互相监督，在一定程度上解决了原来银行和企业之间信息不对称的问题。
5. 进行交叉营销，促进对公对私业务同步发展。
6. 具有较强的批量授信推广效应。</td></tr>
</table>

【点评】

在中国很多地方，聚集很多煤炭贸易商，例如在河北的井陉地区、广州的黄埔港地区、宁波的北仑区等聚集了大量的煤炭经销商，银行可以对这类煤炭经销商提供动产融资业务。银行客户经理可以紧盯当地的煤炭交易市场，市场内有大量的煤炭经销商，银行可以针对这些煤炭经销商群体开展营销。本方案中，要求联保体每户缴存25%的保证金，四户缴存的保证金足可以抵补一户的风险。通过联保方式，银行可以吸收客观的保证金存款。

第二篇

煤矿机械企业授信方案篇

煤矿机械行业全景及重点目标客户群体

煤矿机械行业核心企业特征明显，上游、下游产业链清晰，适合进行供应链营销。客户经理应当认真研究煤矿机械，非常具备开发价值。

产业链全景图：

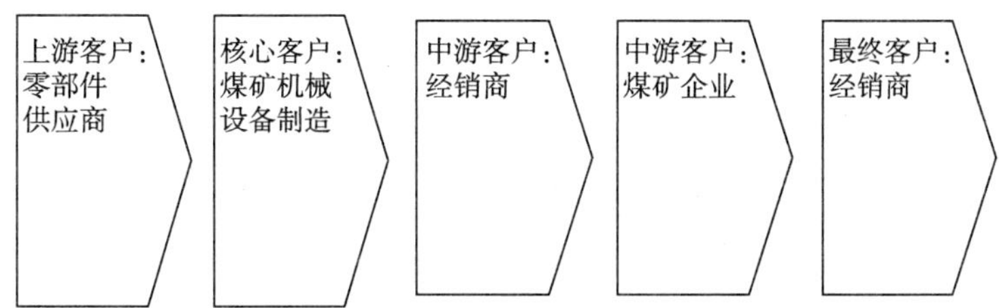

一、上游客户：煤矿机械零部件供应商

二、核心客户：中国煤矿机械工业

佳木斯煤矿机械有限公司、兖矿集团有限公司机电设备制造厂、山西煤矿机械制造有限责任公司、太原矿山机器集团有限公司、西北煤矿机械有限公司、晋城金鼎煤机产业发展有限公司、上海创力矿山设备有限公司、石家庄煤矿机械有限责任公司、唐山开滦铁拓重机公司、抚顺煤矿电机制造有限公司、西安煤矿机械有限公司、徐州华东机械厂、河北天择重型机械有限公司、鸡西煤矿机械有限公司、淮南舜立机械有限责任公司、郑州煤矿机械集团股份有限公司、三一重型装备有限公司、中煤张家口煤矿机械有限责任公司、中煤北京煤矿机械有限责任公司、长治清华机械厂、平顶山煤矿机械有限责任公司、四川神坤装备股份有限公司、宁夏天地奔牛实业集团有限公司、山东天晟煤矿装备有限公司、山东矿机集团有限公司、山西平阳重工机械有限责任公司、郑州四维机电设备制造有限公司、中信重型机械公司、煤科总院山西煤机装备有限公司、重庆大江信达车辆股份有限公司、淄博先河机电有限责任公司、安徽攀登机械股份有限公司、山西汾西矿业（集团）设备修造厂、霍州煤电集团公司机电修配分公司、淮南长壁煤矿机械有限责任公司、鹤壁市豫兴煤机有限公司、河南焦作神华重型机械有限公司、内蒙古北方重工工程机械公司、中煤邯郸煤矿机械有限责任公司、徐州煤矿机械厂、兖矿集团大陆机械有限公司、河南万合机械有限公司、三一西北骏马电机制造股

份公司、山西焦煤集团西山机电总厂、山东新煤机械有限公司、山东莱芜煤矿机械有限公司、山西忻州通用机械有限责任公司、浙江衢州煤矿机械总厂有限公司、大同煤矿集团有限公司中央机厂、山东泰安煤矿机械有限公司。

三、中游客户：煤矿机械设备经销商

四、使用设备客户：各地的煤矿企业、煤矿施工企业

江西中煤建设工程有限公司、中煤第五建设公司、中煤隧道工程有限公司、中煤第七十二工程处、中煤第三建设（集团）有限责任公司、中煤矿山建设集团有限责任公司。

五、最终客户：各地的煤矿

煤矿机械设备销售市场主要为采煤的煤矿，第一为煤炭国有大型煤矿；中小型地方煤矿企业；矿建公司及个体煤巷掘进施工队，专业承包煤矿建设煤炭开采工程。

产品销售结算方式：按揭产品、分期付款方式、全款、融资租赁。其中分期销售占比为70%、融资租赁占比为15%、银行按揭贷款集团回购担保占比为10%、全款销售占比为5%。

【案例】　安日达重型装备有限公司融资授信方案

一、企业基本概况

安日达重型装备有限公司注册资金29.18亿元人民币，出资单位为安日达重装国际控股有限公司出资组建的有限责任公司。该公司产品主要有综合掘进机械、联合采煤机组、矿用运输车辆等。综合掘进机械包括半煤岩综掘成套装备，全煤岩综掘成套装备、煤柱回收成套装备、掘锚护成套装备及矿用混凝土泵成套装备；联合采煤机组包括采煤机、液压支架、刮板输送机成套设备；矿用运输车辆产品包括梭车、支架搬运车和运料车等，由于近两年来工程机械市场需求旺盛，安日达重型装备的销售迅速增长，公司实现销售收入29亿元，实现利润7.23亿元。

针对其上游客户采用流动资金贷款、国内信用证；对其下游客户提供国内无追索权保理、商业承兑汇票贴现、工程机械按揭贷款回购担保业务。

供应渠道分析			
	前三名供应商（按金额大小排名）	金额（万元）	占全部采购比率（%）
1	鞍山钢铁厂	24 000	7.5
2	江苏南方机电股份有限公司	14 000	6.0
3	湖南星钢钢铁有限公司	10 000	4.5
对其上游客户的付款方式有全款、部分预付款等方式，全款占总成本的85%，主要为钢材和电机。			
销售渠道分析			
	前三名销售商（按金额大小排名）	金额（万元）	占全部销售比率（%）
1	中煤第一建设有限公司	19 600	7.4
2	霍州煤电集团有限责任公司	16 100	6.1
3	山西恒立煤炭设备有限公司	13 700	5.2
销售商回款稳定，付款方式按合同约定付款进度付款。			

二、银行提供的授信方案

银行为其提供10 000万元国内无追索权保理融资产品，方案如下：

业务类型：国内无追索权保理

协议文本：银行标准《国内无追索权保理业务协议书》

买方：中煤第一建设有限公司；铁法煤业（集团）有限责任公司；汾西矿业集团有限责任公司；山西焦煤集团国际发展股份有限公司；淮南矿业（集团）有限责任公司；阳泉煤业（集团）有限责任公司；神华蒙西煤化股份有限公司；平顶山天安煤业股份有限公司；中煤第五建设有限公司；山西西山煤电贸易有限责任公司

销售商品：掘进机和采煤机等综采系列产品

融资比例：合格应收账款的80%

融资期限：180天

应收账款转让通知时间：融资前通知

买方付款方式：划款至保理专户

具体额度情况：

企业应收账款及融资情况表　　单位：万元

序号	付款单位	应收账款额	融资额
1	中煤第一建设有限公司	5 026	4 021.44
2	铁法煤业（集团）有限责任公司机电设备租赁分公司	2 726	2 181.57
3	汾西矿业集团有限责任公司	1 708.9975	1 367.198
4	山西焦煤集团国际发展股份有限公司	937.959	750.3672
5	淮南矿业（集团）有限责任公司	1 493.80	1 195.04
6	阳泉煤业（集团）有限责任公司	950.58	760.464
7	神华蒙西煤化股份有限公司	1 017.9791	814.38328
8	平顶山天安煤业股份有限公司	1 297	1 037.6
9	中煤第五建设有限公司	1 291.2	1 032.96
10	山西西山煤电贸易有限责任公司	770.859	616.6872
合计		17 222.14	13 777.71

方案风险分析：卖方安日达重型装备有限公司是总行的核心客户，公司是以煤矿重型装备产业为核心发展方向，公司是一个集研究开发、生产制造、销售服务为一体的大型综合煤矿机械装备制造企业。公司经营状况良好，成长速度快，在行业内所处地位竞争力强，信誉度较高。企业资产规模大，实力雄厚，各项财务指标较好，企业整体抗风险能力较强。

融资后加强授信风险的控制和管理，及时了解卖方经营情况及买方付款情况，如发现卖方经营出现异常情况或买方逾期未付，间接还款等情况，将暂停对卖方的融资。

安日达重型装备有限公司

额度类型	公开授信额度		授信方式	综合授信额度		
授信额度（万元）	120 000.00		授信期限（月）	12		
授信品种	币种	金额（万元）	保证金比例（%）	期限（月）	利率/费率执行标准	是否循环
工程机械按揭贷款保兑仓回购担保	人民币	30 000.00	7	12	按银行规定执行	是
汽车保兑仓回购担保	人民币	60 000.00	7	12	按银行规定执行	是

续表

授信品种	币种	金额（万元）	保证金比例（%）	期限（月）	利率/费率执行标准	是否循环
国内无追索权保理	人民币	10 000.00		12	按银行规定执行	是
流动资金贷款	人民币	20 000.00		12	按银行规定执行	是
贷款性质	新增	本次授信敞口（万元）		113 700.00	授信总敞口（万元）	113 700.00
担保方式及内容	信用					

贷款用途：银行为其提供国内无追索权保理 1 亿元；流动资金贷款 2 亿元（按银行规定可串用其他品种授信业务）；工程机械按揭贷款保兑仓回购担保授信 3 亿元（其中 2 亿元为法人按揭回购担保，1 亿元为个人按揭回购担保，法人按揭回购和个人按揭回购可相互串用），按揭贷款比例最高 8 成、贷款期限最长 4 年；其他回购担保授信 6 亿元，用于向终端客户开立银行承兑汇票的回购担保，终端客户开立银行承兑汇票付款时必须最少存入 20% 保证金，安日达重型装备有限公司需按银行承兑汇票敞口存入回购保证金 7%。

【点评】

针对大型的煤矿机械设备制造企业，这些企业采取直销和经销商结合的模式，对于采取直销的模式，下游多为特大型的煤矿，银行可以提供保理融资；针对下游采取经销商模式，下游多为中小型煤矿，银行可以提供保兑仓融资。

第三篇

发电企业授信方案篇

发电行业核心企业特征明显，上下游产业链清晰，适合进行供应链营销 。客户经理应当认真研究发电企业，非常具备开发价值。

产业链全景图：

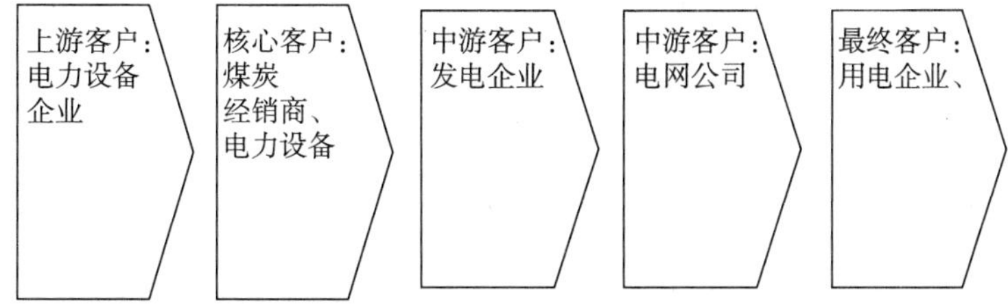

一、上游客户：电力设备企业

电力设备集团：

东方电气集团公司、哈尔滨电站设备集团公司 、上海电气集团有限公司。

三大动力集团的大型发电设备能力占全国总生产能力的 80% 以上。

二、核心客户

发电企业：中国五大发电集团、华润电力集团、中国三峡电力集团以及地方电力集团控制中国的电力版图。

电力生产行业：云南、贵州、安徽、山西、内蒙古、陕西六大煤电基地的大型煤电一体化坑口火电项目，珠三角、长三角、京津塘三大负荷中心地区毗邻港口和交通运输便利路口（高速公路或铁路）的大型火电项目。金沙江、雅砻江、大渡河、黄河上游、澜沧江、乌江六大水电流域的大型水电项目。

电力行业：中国长江三峡工程开发总公司、中国华能集团公司、中国大唐集团公司、中国电力投资集团公司、中国国电集团公司、中国华电集团公司、中国神华能源股份公司、中国核工业集团公司、中国广东核电集团公司、广东省粤电集团有限公司、国家开发投资公司、中信泰富公司等 16 家特大型集团及所属控股企业投资、控股的电厂和电厂项目。

三、中游客户

电力供应行业：两大电网公司下属省级及以上电力公司。

【案例1】　新源福建发电有限公司授信方案

一、企业基本情况

新源福建发电有限公司是中国新源集团下属优质全资子公司，其装机容量约占整个新源集团装机容量的8%，是福建省装机规模最大的国有发电集团公司，有着巨大的发展潜能。该公司资产规模达206亿元。

由于新源集团对下属公司财务成本的控制，新源福建发电有限公司对资金成本非常敏感，公司所有融资均要求基准下浮10%或以下。企业在银行原有综合授信额度10亿元，但没有投放任何贷款。

二、银行提供的授信方案

涉及产品：

主打产品：法人账户透支

辅助产品：信托贷款、商票包买

业务流程：

在新源福建公司的业务营销中，该公司电费收入集中在月末，但现金支出均匀分布在月中各时点，导致部分时段现金闲置，部分时段又容易出现现金不足的状况。针对该状况，银行向其推荐了法人账户透支业务。在现金不足时随时透支，月底电费到账后可随时还款。

相对普通流动资金贷款的“资金一步到位”，法人账户透支提供了一种更灵活、更精细的融资方式。新源福建法人账户透支资金占用情况如图3－1所示。

客户存在不间断的周期性资金需求（月初支付，月末回款）使得企业不断出现支付高峰和回款高峰，图3－1点线外的部分是企业正常流动资金贷款本金计息部分，而点线内的面积是法人账户透支计息部分，节约资金闲置成本的作用相当明显。相对于同等规模的流动资金贷款，通过法人账户透支，银行为企业一年节约财务成本约500万元。

降低融资成本的同时，该产品所有手续通过企业网银即可实现，操作简单方便。客户对此推荐表示出浓厚兴趣，并因此在一定程度上放松了对综合

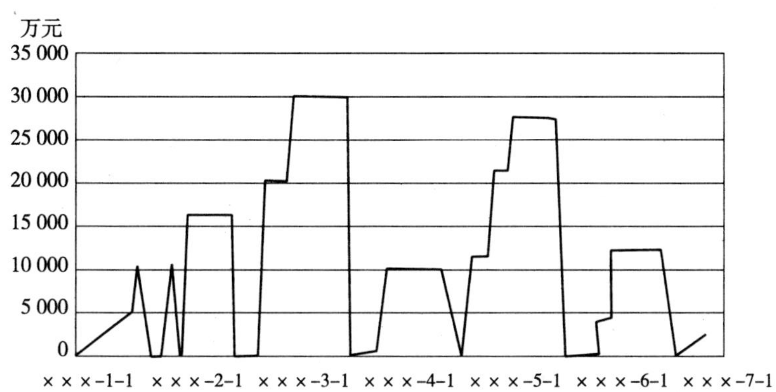

图 3-1　新源福建法人账户透支资金占用图

成本的要求。

以法人账户透支这一创新产品为切入点，通过对公司管理流程、现金流的收支规律、下属企业的资金状况等方面的深入了解，银行进一步设计了包括信托贷款、商票包买、法人账户透支在内的组合营销模式。通过产品综合应用，银行避开了价格战，确保了银行收益，同时建立了良好的银企关系，成为客户的主要融资银行之一。

三、银行收益分析

1. 法人账户透支业务提用。已累计提用法人账户透支额度为 9.63 亿元，相当于贷款年日均约 5 700 万元，该项业务实现中间业务收入 30 万元，实现贷款创利约 50 万元。同时通过与客户的紧密沟通与良好配合，可做到不占用银行月末、季末、年末等考核时点风险资产规模。

2. 信托贷款为 1 亿元，期限 6 个月，利率按 1 年期基准下浮 12%。该笔业务银行可实现创利 77 万元，同时不占用银行风险资产规模。

3. 商票包买业务。累计已提用商票贴现额度 15 514 万元，派生存款日均约 3 000 万元，实现贴现创利约 30 万元，实现存款创利约 25 万元。

【点评】

该案例也具有普遍意义，对于那些有类似收支特点——“波浪形”的企业均可采用该种营销模式，用法人账户透支产品去弥补不足，抢占市场份额。

企业不间断的周期性支付需求（月初支付，月末回款）使得企业不断出现支付高峰和回款高峰，相对普通流贷的资金一次到位，通过法人账户透支，企业做到了更灵活的收支，节约闲置资金，一年节约财务成本约500万元。

该产品避免了银行在信贷价格上与一些国有大银行竞争，既降低企业成本，又提高了银行收益，达到双赢的效果。

区域型电厂企业一般都具有该种收支特点，而且这种特点将会越来越明显，因为一是由于电网公司比较强势，一般采用先用电后付款的方式运营；二是电厂随着发电原料，如煤炭等价格的不断提升，月初垫付资金水涨船高。

周期性资金盈缺现金客户适合法人账户透支业务

法人账户透支业务有两大好处：一是应对紧急支出，法人账户透支无须办理放款手续，可以随时透支，在购买紧俏商品“抢货”时适用；二是应对有资金收入支出波浪形客户，需要支出时，透支资金，有现金收入时，可以随时归还贷款。

【案例2】 四川达康电力科工贸有限公司授信方案

一、企业基本情况

四川达康电力科工贸有限公司注册资金为8 000万元，销售额超过3亿元，属于本地特大型的煤炭经销集团。

二、银行提供的授信方案

产品：商票贴现、买方付息

通过对四川达康电力科工贸有限公司股东背景及供销情况的实地调查，客户经理与企业密切接洽，了解到企业股东实力较强，贸易背景真实，销售经营情况稳定，销售量大，但上游付款账期较长，因此资金需求量也随着销售规模的不断扩大而增加。但由于该类企业利润不高，因此对财务成本较为敏感，该类中小企业本身难以以传统的抵押、保证等担保方式取得银行融资额度，考虑到企业上游、下游客户付款能力均较强，以商票保贴加代理贴现加买方付息产品作为方案基本能满足客户需求。

梳理商票办理流程，销售回款风险控制方案，销售回款账户监管问题及其配合环节，最终敲定商票贴现加买方付息加贴现产品方案，并通过成功营销四川发电燃料有限责任公司安装使用银行“快易贴”系统，启用授信额度3 000万元。

三、银行收益

该笔授信已完成商票贴现3 000万元，拉动存款日均新增800万元，实现贴现利息收入43.3万元。

【点评】

通过票据将中小企业与其上游、下游企业的风险联系在一起，降低企业财务费用支出的同时，运用票据产品强化了风险控制和贸易背景把控。产品可控制交易融资的核心风险，确保交易背景真实；商票通过收款人（商票保贴销售方企业）背书，将对单一企业授信间接过渡为上游、下游整体的风险把控，票据也成为银行中小企业授信中的一个重要产品。

银行在该客户的营销过程中，瞄准了企业改善其资金流动比率、应收账款的迫切需求，为企业量身定做了交易融资产品，突破了企业担保方式的限制。采用制定下游交易对手商票保贴，做到了改善企业资金流动性，提高应收账款周转率的目的。

针对核心厂商的营销，可以拓展其上游、下游客户，通过商票保贴、保理代付等产品，以开发为手段，为银行创造更多的业务机会，进一步增加银行收益。

【案例3】　中国宏运电力集团公司融资授信方案

一、企业基本情况

中国宏运电力集团公司注册资本金为120亿元，是在原国家电力公司部分企事业单位基础上组建的国有企业，是电力体制改革后国务院批准成立的五大全国性发电企业集团之一，是经国务院同意进行国家授权投资的机构和国家控股公司试点企业。

中国宏运电力集团公司拥有30个二级单位，一百多家全资、内部核算、控股基层企业；电源基地遍布全国29个省（自治区、直辖市）；员工人数11

万余人。中国宏运电力集团公司可控装机容量为 7 023.58 万千瓦，其中，火电装机容量 6 266.95 万千瓦，占比为 89.23%，水电装机容量 464.94 万千瓦，占比为 6.62%，风电装机容量 287.79 万千瓦，占比为 4.10%，其他机组 3.9 万千瓦，占比为 0.06%，集团公司资产总额达 3 038 亿元。

二、银行提供的授信方案

银行审批通过给予宏运电力集团 60 亿元综合授信，授信品种为流动资金贷款，期限 1 年，可串用。其中 10 亿元为宏运财务公司担保额度。

由中国宏运电力集团公司将授信额度授权给下属子公司使用。通过中国宏运电力集团公司的授权使用，可以避免各下属分公司子公司独立向银行申请授信，集团母公司对下属公司融资失控的局面。

【点评】

为什么宏运电力集团愿意将获得的授信额度转授权给下属子公司使用?

宏运电力集团总部对下属公司财务融资的高度集中控制，这符合集团母公司的风险管理偏好理性，愿意对下属公司的经营行为承担责任，降低整个集团的融资成本。

银行可以采用这种方式营销一些特大型电力集团的母公司，通过银行将授信额度提供给母公司，然后由母公司将授信额度授权给下属子公司使用。

【案例 4】 河北省唐山君联发电有限公司融资授信方案

一、企业基本情况

河北省唐山君联发电有限公司注册资本 11.6 亿元，由新加坡君联电力（私人）有限公司、中国华东电力集团公司、安徽省能源投资总公司、安徽省电力公司和合肥市建设投资公司在安徽省肥东县成立的中外合资企业。主要从事建设和经营合肥第二发电厂及电厂灰渣、余热的综合利用。电厂占地面积为 38.5 公顷。电厂总装机容量 130 万千瓦，股本结构：中国大唐集团公司（3.19 亿元，占 27.5%）、安徽省能源集团有限公司（1.856 亿元，占 16%）和合肥市建设投资公司投资（0.87 亿元，占 7.5%）共占总股本的 51%，新加坡君联电力（私人）有限公司（5.684 亿元）占 49%。公司总资产 33.2487 亿元，净资产 22.2429 亿元，实现主营收入 12.6 亿元，净利润 1.4 亿元。

二、银行提供的授信方案

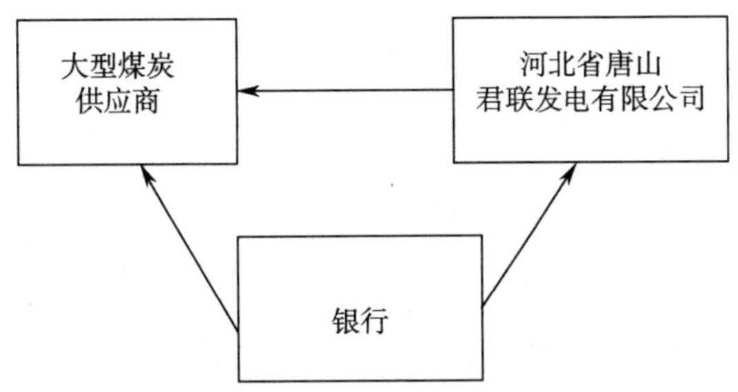

针对河北省唐山君联发电有限公司和其上游供应商提供批量授信融资服务，河北省唐山君联发电有限公司对供货商的付款方式为银行承兑汇票。但其供应商大部分为大型生产企业，较为强势，希望直接拿取现金。银行提供"买方付息票据贴现业务"可让供应商直接取得现款，故较易为供应商所接受。对河北省唐山君联发电有限公司而言，相对于贷款，可节省较高的财务费用，同时减少支付压力。银行可通过此业务获得保证金存款沉淀及贴现利息收入。

（一）授信介入

公司为各家银行争相营销的优质客户，由十一期项目贷款是由建设银行安徽省分行牵头，国家开发银行安徽省分行、德国复兴银行等参与的银团贷款，某银行一直没有介入业务合作的机会。但某银行一直未放弃营销，偶然间得知公司将进行股东分红，分红金额高达 11 亿元，某银行敏锐地感到公司将有融资的需求，并再次进行营销，公司高管被某银行营销人员的执著和主动所打动，表达了同意授信合作的意向。

（二）关系营销

某银行通过深入细致和真诚的服务，与公司领导、财务部、计划部等多个职能部门都建立了良好的关系，在他们的支持下，某银行争取到了公司国外股东分红账户的开立和近 8 000 万美元购汇付汇业务。

（三）买方付息票据贴现

某银行以该公司为核心，与公司上游最大的煤炭供应商安徽金龙能源物资有限公司取得联系，公司每月向金龙公司采购煤炭款项高达 8 000 万元左右，某银行根据君联发电公司节约财务费用的需求，向公司和煤炭供应商金龙公司大力推荐买方付息票据贴现业务，并征得它们的同意，办理首笔买方付息票据贴现业务 8 000 万元，通过此业务为君联发电公司节约了财务费用，金龙公司仍获得 8 000 万元现金，而某银行既获得4 000万元承兑保证金和近 2 000 万元贴现资金沉淀，又获得了可观的利息收入，取得了三方共赢的局面。

（四）模式复制

某银行还将此业务合作模式推广到省内其他电厂如池州九华发电、马鞍山万能达发电与燃料供应商安徽电力燃料有限责任公司煤款结算，也取得了很好的效果。

买方付息票据贴现业务合作方案：

1. 准入条件。

（1）符合国家产业政策要求。

（2）信誉良好，无违约记录。

（3）具有专业化、大量生产供货的能力。

（4）与核心企业形成长期稳定的供应链关系或具有向多家制造企业平行供货能力。

（5）供应商列入核心企业的信贷名单。

（6）在银行开立一般结算账户。

2. 业务流程。

（1）买方在签发银行承兑汇票的时候，同时签发承诺支付未来贴现利息的承诺函或在承兑协议中增加补充条款，表明票据贴现利息由买方承担。

（2）卖方持商业承兑汇票、贴现需要的增值税发票及合同向银行提出贴现申请。

（3）银行审核商业承兑汇票真实性，并按照审批权限进行审批，审批同意后，客户当场背书转让汇票，并办理相关手续。

（4）银行向买方扣收贴现利息。

（5）银行按票面金额将全款划转到贴现申请人账户。

【点评】

大型火力发电企业的采购量较大，主要是用于煤炭的采购。对于火力发电企业直接提供流动资金贷款，沉淀的存款很小，且难以实现关联营销。通过提供买方付息票据捆绑代理贴现，就可以实现对煤炭供应商的营销，有效提升银行的综合回报。买方付息加代理贴现可以有效降低火力发电企业的融资成本。

【案例5】 江西格茂电子材料科技有限公司融资授信方案

一、企业基本情况

江西格茂电子材料科技有限公司注册资本 8 125 万美元，一期建设规划用地 504. 6 亩，建筑面积 123 000 平方米，经营范围为生产、销售高纯度多晶硅材料（9N），预计高纯度多晶硅总产量 2 135 吨。

二、银行提供的授信方案

给予江西格茂半导体发展有限公司授信 2 亿元。

2 亿元用于公司订单融资业务，通过半导体公司与无锡尚德太阳能发电有限公司形成的 13 年长期供货合同以及补充单笔交易合同，确定单笔交易的回款周期为半年。前三个月为下订单、生产、发货、开票流程，后三个月为账期。

根据订单先办理半年期的订单融资业务，当三个月交货、开票、应收账款形成后，发放一笔保理融资业务（用虚额度 2 亿元），用保理融资款偿还订单融资款（总额度恢复为 2 亿元），期限为三个月，整个循环不超过半年。

授信风险防范措施：

1. 将订单融资业务转为国内保理业务，有效地规避银行信贷资金风险并实现信用增级。

2. 开立销售回款账户，通过销售现金流的控制防范银行信贷风险。

3. 由于当地政府给予企业较高政策支持，本次授信由当地政府提供担保，进一步缓释银行授信风险。

4. 进行授信过程管理，每笔供应链融资放款前须提供下游公司的采购订单，供应链融资放款后三个月内，由格茂电子材料科技有限公司向银行提交该笔交易的增值税发票，通过授信过程管理确保贸易背景的真实。

【点评】

太阳能发电属于近期新兴的行业，在国内发展前景较好，银行可以沿着国内大型太阳能发电企业的产业链进行关联营销。

第四篇

电力设备企业授信方案篇

电力设备配套行业全景及重点目标客户群体。

电力设备配套行业核心企业特征明显，上游、下游产业链清晰，适合进行供应链营销。客户经理应当认真研究电力设备配套，非常具备开发价值。

产业链全景图：

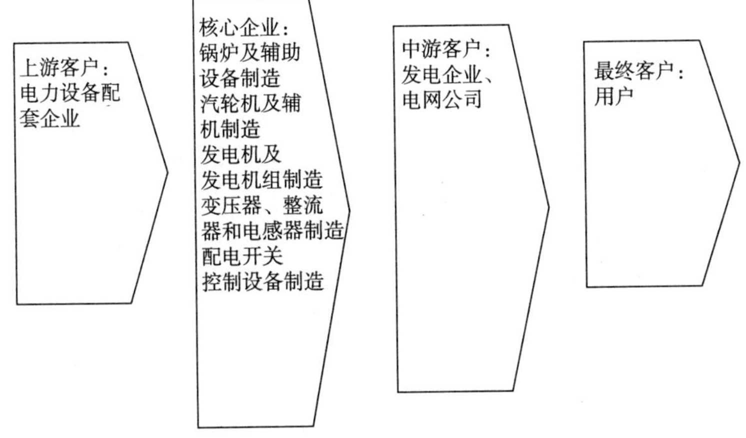

一、上游客户：电力设备配套企业

二、核心客户

电力设备企业主要集中在以下行业：

锅炉及辅助设备制造，汽轮机及辅机制造，发电机及发电机组制造，变压器、整流器和电感器制造，配电开关控制设备制造，电力电子元器件制造、其他输配电及控制设备制造，火力发电，水力发电，其他能源发电，电力供应，热力生产和供应。

东方电气集团公司、哈尔滨电站设备集团公司 、上海电气集团有限公司。三大发电设备集团的大型发电设备能力占全国总生产能力的80%以上。

三、中游客户：五大电力集团及两大电网公司

四、最终客户：发电企业、水泥企业、陶瓷企业等

电力设备企业营销最重要的银行产品就是各类保函，投标保函、履约保

函和预付款保函，电力设备金额极大，制造周期较长，且需要下料、安装、调试等过程，整个过程保函使用量极大。

【案例1】　秦皇岛电站设备集团融资授信方案

一、企业基本情况

秦皇岛电站设备制造厂是集预热器设计、制造、销售、安装、服务于一体的现代化专业企业。公司占地面积5.4万平方米，通过多年的消化吸收，并结合中国实际进一步进行科研开发，现已形成独特的容克式空气预热器的设计和制造技术。已设计、制造完成了从5万千瓦到100万千瓦不同等级机组锅炉的不同型号、不同规格空气预热器700余台，年配套能力可达3 000万千瓦。

二、银行提供的授信方案

考虑到秦皇岛电站设备制造厂下游为各地的发电企业，发电企业普遍有一定的实力，但是电力设备单体金额较大，一次性付款对发电企业要求较高。

原来的销售模式为电厂分期付款，考虑到对秦皇岛电站设备制造厂报表较为不利，且容易出现坏账风险，且电厂按期付款意识较差。银行建议秦皇岛电站设备制造厂考虑采取买方信贷模式，由下游电厂向银行贷款用于向秦皇岛电站设备制造厂付款，由秦皇岛电站设备制造厂贴息。

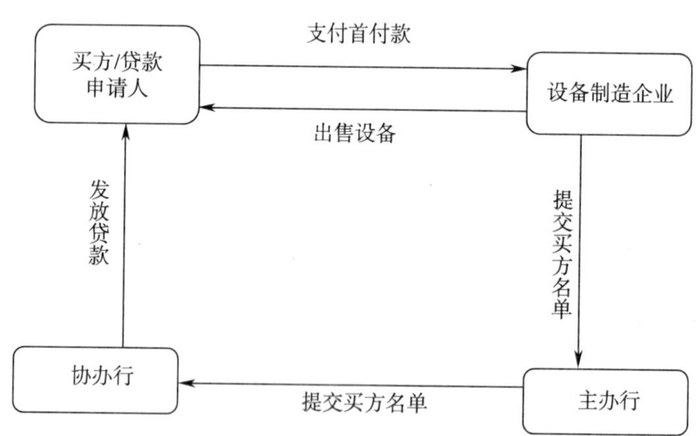

图4-1　电力设备企业授信方案图

秦皇岛电站设备集团

额度类型	公开授信额度		授信方式	综合授信额度		
授信额度（万元）	200 000.00		授信期限(月)	12		
授信品种	币种	金额（万元）	保证金比例（%）	期限（月）	利率/费率（%）	是否循环
担保额度	人民币	185 000.00	0.00	12	基准利率下浮10	是
银行承兑汇票	人民币	15 000.00	0.00	12	按银行规定执行	是
贷款性质	新增	本次授信敞口（万元）		200 000.00	授信总敞口（万元）	200 000.00

【点评】

以下是保兑仓、国内买方信贷、厂商银和未来货权质押融资等四种最经常使用到的供应链融资的区别，广大客户经理要认真学习。

1. 保兑仓	商品买卖	厂商承诺回购担保或退款承诺	6个月	银行承兑汇票 买家经销商品	可观的存款，能够形成关联营销，综合收益较高
2. 国内买方信贷	设备买卖	厂商提供连带责任担保或对设备残值回购	2~5年	贷款 买家使用生产资料	融资利息、手续费，能够形成关联营销，综合收益较高；融资方式非常灵活，对银行资本消耗极低
3. 厂商银	商品买卖	厂商提供调剂销售承诺	6个月	银行承兑汇票 买家经销商品	贴现利息、手续费收入，很难形成关联营销，对企业票源的控制力度较弱
4. 未来货权质押	商品买卖	厂商签订三方协议，约定地点发货	6个月	银行承兑汇票 买家经销商品	

【案例2】　湖南省电力勘测设计研究院融资授信方案

一、企业基本情况

湖南省电力勘测设计研究院是国家级综合性甲级电力工程勘测设计单位。主要从事电力系统规划、大型火力发电厂、超高压输变电等工程的勘测设计，也可承接其他工业和民用建筑的设计、岩土工程以及相应的技术咨询、工程监理业务。具有单机容量600兆瓦发电工程设计资质、工程监理、勘测、环境评价和工程总承包资质及500千伏超高压输变电临时设计资质。

电力勘测设计院勘测公司设备齐全、技术先进，具有较强的生产能力。拥有TSJ/660水钻机，DPP—100工程地质钻机等钻探设备20余台（套）、瑞士TC—1600全站仪、RTK型GPS系统、电子平板等工程测量仪器10余台（套）、1 000吨大型桩基静载荷实验设备、美国PDA打桩分析仪等岩土测试仪器17台（套）、土工实验微机数据采集处理系统等水工实验仪器70余台（套），25吨吊车混凝土搅拌、灌注设备等岩土施工设备10余台。其中TC—1600全站仪、GPS系统、PDA打桩分析仪、土工实验微机数据采集处理系统属国内先进水平。

二、银行提供授信方案

授信方案

<table>
<tr><td>额度类型</td><td colspan="2">内部授信额度</td><td>授信方式</td><td colspan="2">综合授信额度</td></tr>
<tr><td>授信额度（万元）</td><td colspan="2">币种</td><td>期限（月）</td><td colspan="2">五级分类</td></tr>
<tr><td>6 000.00</td><td colspan="2">人民币</td><td>12</td><td colspan="2">正常</td></tr>
<tr><td>授信品种</td><td>币种</td><td>金额（万元）</td><td>保证金比例（%）</td><td>期限（月）</td><td>利率/费率（%）</td></tr>
<tr><td>履约保函</td><td>人民币</td><td>4 000.00</td><td>20.00</td><td>12</td><td>0.1</td></tr>
<tr><td>投标保函</td><td>人民币</td><td>2 000.00</td><td>20.00</td><td>12</td><td>0.1</td></tr>
<tr><td>担保方式及内容</td><td colspan="3">信用</td><td>授信敞口（万元）</td><td>4 800.00</td></tr>
</table>

客户具有良好行业背景和经营业绩、诚信团结的经营管理团队、优良的财务质量和财务成果，同意给予可循环使用综合授信6 000万元，期限一年（其中投标保函2 000万元、投标保函年限最长一年；履约保函4 000万元，

履约保函年限最长四年)，在授信期限内循环周转使用。

【点评】

电力设计院最好的营销产品就是银行保函、投标保函、履约保函等产品，承揽各地电厂的工程。投标保函、履约保函可以获得可观的保证金存款。银行客户经理营销一定要看准对象最适合哪些银行产品，要形成公式化的营销思路，面对客户，知道同一类型的客户能够按照成熟的模式复制快速营销。广大客户经理可以仿照本案例营销本地的电力设计院。

【案例3】　上海市电力建设第一工程公司融资授信方案

一、企业基本情况

上海市电力建设第一工程公司是国内第一支打入国际电力建设市场、工作时间最长的电力施工队伍。至今已在巴基斯坦、菲律宾、尼泊尔、新加坡、伊朗、伊拉克、苏丹7个国家承担电力工程建设任务。公司承接工程总量达7 675兆瓦，其中国外工程总量达3 418 兆瓦，约占国内同行同期境外承包工程总量的56%。走出国门20年，公司共向国际电力建设市场输出5 200余人次的技术力量和劳务，合作伙伴遍及世界近20个国家和地区的50多家国际知名企业，承担了国产21万千瓦、32万千瓦火电机组的首次出口安装任务。该公司为建筑安装企业，主营业务突出，主营收入占公司总收入的80%以上，毛利在14%左右，在行业中处于较高的水平。

借款人实现主营收入55 720万元，较上年度增长了3.13%，净利润为78万元，同比下降了74%。

该公司主营业务突出，主营业务收入逐年翻番，企业取得了较好的发展。作为一家具有国家一级资质，第一支打入并立足国际电力建设市场，承接工程最多的电力施工企业，该公司已先后被国家统计局评为500家最佳经济效益建筑企业第八位，从行业地位及行业背景来看，该企业具有较强抗风险能力。该公司在国外有多个施工合同，并且国内也有大量的施工合同，经营活动持续、稳定，加上该企业经营的产品无季节性，与国内供货商及国外客户都有多年的合作关系，彼此之间都很了解，信誉度、市场认知度高，其经营风险较小。该公司与银行合作多年，银行已连续三年给予其1亿~2亿元的综合授信额度用于各类保函的开立。该企业在银行对公及对私的结算业务频繁，综合效益较好。该公司管理规范，结构健全，管理层素质较高、作风稳健、团结。作为上海市电力公司下属的全资电力施工企业，系统内部及地方政府扶持力度均较大。

二、银行提供的授信方案

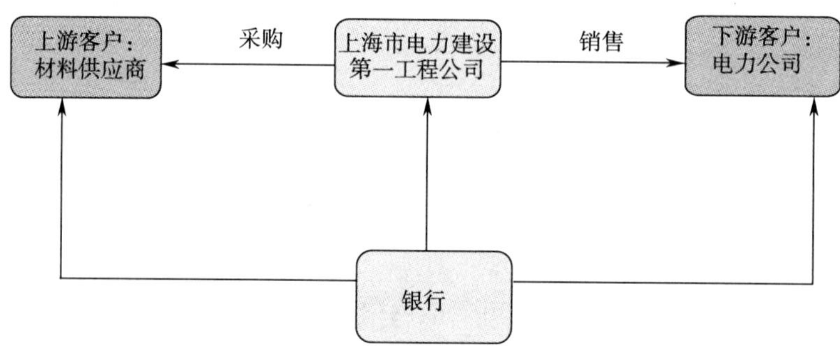

图4-2　上海市电力建设第一工程公司履约保函示意图

三、授信风险及可控分析

1. 该公司的经营发展直接受国家电力建设政策的影响和同行业市场竞争的影响。国家电源点建设的多少会直接影响该公司的接单量。

2. 履约保函的履约风险。银行开具的履约保函一般是核定的格式化文本，总体上是有利于申请人及开具银行，条约风险的比例较小。从履约保函的特点上分析，履约保函的开立一般是申请人在投标中标后，依国际惯例应招标方要求出具的。中标方均是招标方经过专业论证、层层筛选、严格考察选定的，因而对中标方的技术能力、管理经验、信用履行上均有一个完整的考核体系，尤其在国际大型项目招投标中则更为突出。申请人在申请开立履约保函时就已接受较为严格考察和论证，这也在一定程度上降低了银行风险。一般发标方在收到履约保函后即可向该公司支付合同金额10%的工程款项，增加企业在履约过程中的现金流，从而降低银行的信贷风险。从公司保函业务的履行记录来分析，该公司长期承接国内外大型项目，在思想观念上较早与国际接轨，非常注重企业信用，从业50余年来，足迹遍及海内外，从未出现保函违约的情况，信用优良。

履约保函的风险点在申请人能不能保质保量地按期将所承接的工程交付使用，从而避免银行垫款。而产生履约保函赔付的主要原因一般为：一是申请人资金不足，工程不能按期完工；二是申请人技术能力和工作经验有限，工程不能验收合格。从上面的几点分析可以看到，对于该公司而言，只要出具了履约保函，就能获取一定数额的首付款，基本不会存在因流动资金不足而导致工程停工的状况。从履约保函开立的背景及该公司的合作伙伴来看，公司在其行业内有着较强的技术支撑及良好的信用口碑，从其履行记录中也无此方面的不良记录，因此，可以认为该单位在其行业中具备相当的竞争优势，完全有能力规避第二种风险。

3. 控制风险的措施。与该企业继续保持良好的合作伙伴关系，进一步加大企业在银行的资金结算量和存量；加强与企业的沟通，确保企业的项目资金回笼银行。

上海市电力建设第一工程公司

额度类型	公开授信额度		授信方式	综合授信额度		
授信额度（万元）	15 000.00		授信期限(月)	12		
授信品种	币种	金额（万元）	保证金比例（%）	期限（月）	利率/费率执行标准	是否循环
履约保函	人民币	10 000.00	0.00	12	按银行规定	是
银行承兑汇票	人民币	5 000.00	0.00	6	按银行规定	是
贷款性质	新增	本次授信敞口（万元）		15 000.00	授信总敞口（万元）	23 934.48
担保方式及内容	信用					

【点评】

电力施工企业采用履约保函非常适合整个行业规律，本案例中，银行提供经典的履约保函品种，可以给银行贡献客观的保证金存款，且履约保函属于银行风险较低的品种。营销施工企业最重要的银行产品就是银行保函。

本案例中同时嵌入了银行承兑汇票产品，帮助企业用于物资的采购。保函和银行承兑汇票产品进行有效组合，形成了授信方案。银行在营销时必须注意减少银行承兑汇票的金额，提高银行保函的比重。

第五篇

电网公司授信方案篇

电网行业全景及重点目标客户群体。

电网行业核心企业特征明显，上游、下游产业链清晰，适合进行供应链营销。客户经理应当认真研究电网，非常具备开发价值。

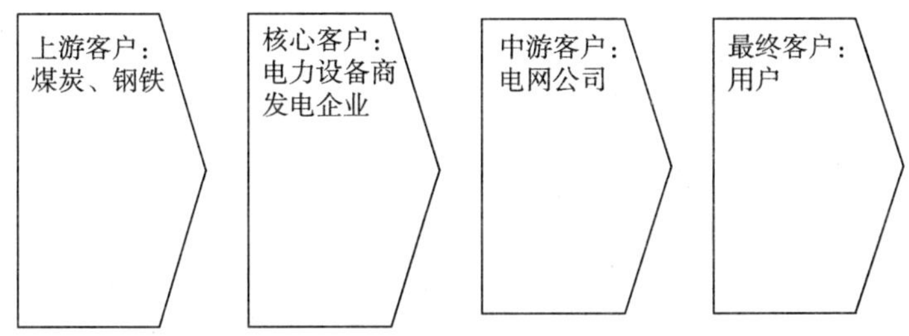

一、上游客户

中国电力建设集团有限公司：中国水利水电建设集团公司、中国水电工程顾问集团公司与国家电网公司、中国南方电网有限责任公司所属 14 个省（自治区、直辖市）勘测设计企业、施工企业、修造企业重组，组建中国电力建设集团有限公司。

中国能源建设集团有限公司：中国葛洲坝集团公司、中国电力工程顾问集团公司与国家电网公司、中国南方电网有限责任公司所属 15 个省（自治区、直辖市）勘测设计企业、施工企业、修造企业重组，组建中国能源建设集团有限公司。

二、核心客户：两大电网公司

1. 国家电网公司管理 5 家区域电网公司，26 家省（自治区、直辖市）电力公司。

华北电网有限公司：天津市电力公司、河北省电力公司、山西省电力公司、北京市电力公司、山东电力集团公司

华中电网有限公司：湖北省电力公司、湖南省电力公司、江西省电力公司、河南省电力公司、四川省电力公司、重庆市电力公司

华东电网有限公司：上海市电力公司、江苏省电力公司、浙江省电力公司、安徽省电力公司、福建省电力有限公司

西北电网有限公司：陕西省电力公司、甘肃省电力公司、宁夏电力公司、

青海省电力公司、新疆电力公司、西藏电力有限公司

东北电网有限公司：辽宁电力有限公司、吉林电力有限公司、黑龙江电力有限公司、内蒙古东部电力有限公司

2. 中国南方电网有限责任公司经营范围为广东、广西、云南、贵州和海南五省（区），负责投资、建设和经营管理南方区域电网，经营相关输配电业务，参与投资、建设和经营相关跨区域输变电和联网工程；从事电力购销业务，负责电力交易与调度；从事国内外投融资业务；自主开展外贸流通经营、国际合作、对外工程承包和对外劳务合作等业务。

三、最终客户

在电力消费过程中，居民用电仅占很少一部分，大部分都是企业用电，因此，在用电企业和电网公司之间存在巨大的营销机会，尤其是可以通过买方付息票据和国内信用证用于两者的结算。

【案例1】　贵州电力股份有限公司融资授信方案

一、企业基本情况

贵州省电力有限公司是国家电网公司全资子公司，以经营、管理、建设电网为主营业务。公司在省内设有 8 个供电分公司，拥有施工、修造等 5 个企业，科研、设计单位和培训中心各 1 个，全民员工 32 297 人。公司拥有供电用户 429 万户，售电量占省内全社会净用电量的 93. 72%，资产总额达 301. 06 亿元。

供应渠道分析

	前三名供应商（按金额大小排名）	金额（万元）	占全部采购比率（%）
1	国电贵州龙华热电股份有限公司	180 000	12. 24
2	国电东北公司双辽发电厂	120 000	8. 16
3	大唐珲春发电厂	120 000	8. 16
供应商都是优质发电企业，供电质量以及稳定性较高，以现金付款，付款周期为 2 个月。			

续表

销售渠道分析			
	前三名销售商（按金额大小排名）	金额（万元）	占全部销售比率（%）
1	通化钢铁	100 000	4.98
2	贵州铁合金	67 000	3.33
3	贵州油田	47 000	2.34
由于借款人所生产产品具有一定的特殊性和垄断性，因此，销售渠道一直保持畅通、稳定。销售商都是优质企业，以现金为主进行付款，用少量银行承兑汇票付款，付款周期为2个月。			

二、银行提供的授信方案

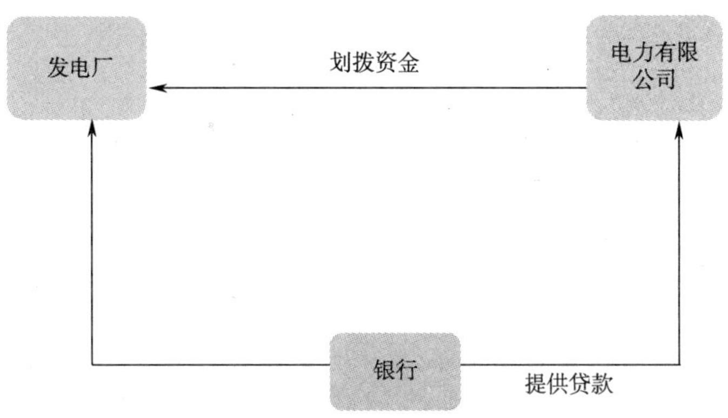

图5-1　电力股份有限公司供应链买方应付账款融资业务

银行为贵州电力股份有限公司办理供应链买方应付账款融资业务，金额为1亿元人民币。融资定向用于向国电贵州龙华热电股份有限公司支付电价款。

【点评】

电力公司对发电企业有着较大金额的应付账款，在应付账款到期，银行对电力公司提供定向贷款，用于电力公司的付款需要，这就是应付账款融资。针对电力公司提供泛泛的流动资金贷款，对银行价值不大。

银行营销客户的时候，可以盯住企业的应付账款，应付账款都是企业必须支付的到期债务，银行可以提供应支付应付账款的融资。

【案例2】 江苏省电力有限公司融资授信方案

一、企业基本情况

江苏省电力有限公司本部设总经理工作部、人力资源部、电力调度通信中心等18个部门。省公司拥有直管单位23个、二级单位8个，员工18 094人，其中长期职工15 675人、临时职工2 419人；同时，全省有63个趸售县供电企业，江苏省电力有限公司代管62个，已有61个地方政府与省公司签订了改制协议，协议签订面达97%，其中：1个上划（闽侯县）、2个直管（福清、石狮市），并基本完成了对全省各供电公司的改制。

江苏电网最高电压等级为500千伏，已形成从南到北、由后石电厂至福州变的500千伏沿海2回路主干通道，并通过福州变至浙江双龙变的2回500千伏线路并入华东电网。全省220千伏主网结构为双回环网，覆盖了全省全部九个地（市）。

该公司本部总资产达396亿元，售电净销售收入284亿元，实现利润总额7.87亿元。

二、银行提供的授信方案

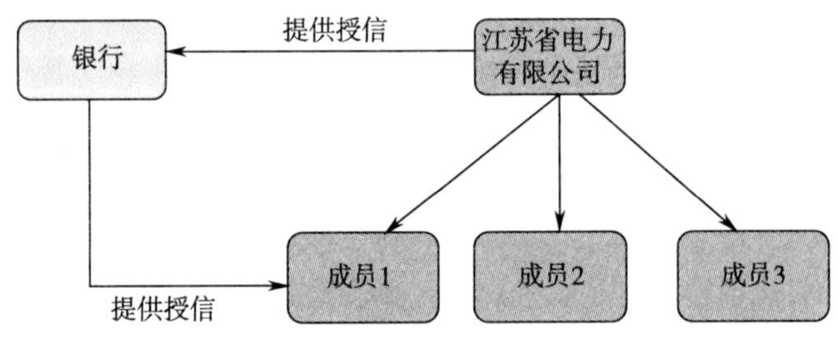

图5－2　江苏省电力有限公司授信方案示意图

银行对江苏省电力有限公司集团授信限额为20亿元，额度期限一年，自身信用担保。该笔授信额度分配如下。

1. 江苏省电力有限公司本部授信额度15亿元，其中综合授信额度为10亿元，授信品种包括流贷、银票、商票贴现、国内信用证；中长期贷款额度为5亿元，专项用于本部的三年期流贷与项目贷款。

2. 下属企业主要包括控股50%以上的各县市供电公司授信额度为5亿元，授信品种包括中长期贷款、流贷、银票、商票贴现、国内信用证等。

此次该集团授信限额20亿元主要用于该公司本部及下属县级供电企业的授信额度分配。其中公司本部综合授信10亿元主要用于支付购电费，包括采用银票形式，并由收款人即省内各电厂向银行申请买方付息贴现，不仅有利于提高银行在省电力公司的业务占比（如本部中长期贷款5亿元授信的投放及电费代收业务等），而且借此介入省内优质的电力生产企业，开展各项业务。

该笔授信符合银行的信贷投向，也是改善信贷结构的重要举措之一。该公司已在银行办理电费代扣代收代缴业务，为银行带来的日均存款达1.5亿元，综合效益明显。

【点评】

对于强势的电网公司，本案例授信方案设计精巧，充分考虑企业的上游、下游企业，提供有针对性的融资方案。

1. 就授信风险而言，该公司从事的行业已形成政策上的垄断性，销售市场稳定，以其销售收入形成可观的现金流作为还款来源有充分保障。

2. 对于该笔授信，银行仍须做好贷款资金使用的监督等贷后管理的工作，密切关注国家有关政策的动向及企业经营状况，保持该笔贷款的到期回收。

本案例非常经典，银行向电力集团总公司提供授信，由总公司切分给了公司使用，集团总公司是授信主体，下属子公司是用信主体，通常总公司实力较强，可以作为风险控制的基础，下属子公司议价能力偏弱，具体用信可以为银行贡献更多的回报。

【案例3】　立信仪表集团股份有限公司融资授信方案

一、企业基本情况

1. 卖方基本情况。

立信仪表集团股份有限公司注册资本为8亿元，由杭州立信集团公司和华能发电公司、远洋联合发展（天津）有限公司、四川峨眉山盐化工业（集团）股份有限公司、中国建设银行浙江省信托投资公司、交通银行、中国工商银行浙江省信托投资公司等企业法人共同发起组建，以定向募集方式设立的股份有限公司。公司股东中法人股东84户，出资为150 184 845元，占比为18.75%；自然人股东264户，出资为1 109 155元，占比为0.14%。主营业务为仪器仪表、仪表元器件、家用电器、建筑电器的制造、销售、生产所需原材料及设备的销售、电力自动化系统、电力信息系统、电力电子设备及电网终端设备、电力通信、高低压电器、电力管理软件的技术开发、技术服务、制造、销售、实业投资开发及进出口业务。

公司总资产达15.73亿元，实现销售额10.38亿元，净资产为5.90亿元，销售额5.09亿元，净利润为－1 391万元。公司4月报呈亏损的主要原因是公司全年销售费用在年初时期集中提前支出，造成营业成本上升，仪表行业中普遍存在上半年因费用提前支出造成利润为负数，在下半年扭亏为盈出现利润。公司资产规模及销售规模在同行业中处龙头企业地位，利润水平因国家电网采取统一招投标的采购模式后有一定的下降，但立信仪表通过销售产品中利润水平较高电子表的占比逐年提高、利润状况也将逐步改善。

2. 买方基本情况。

（1）国家电网。

国家电网公司以建设和运营电网为核心业务，承担着保障更安全、更经济、更清洁、可持续的电力供应的基本使命，经营区域覆盖全国26个省（自治区、直辖市），覆盖国土面积88%，供电人口超过10亿人，管理员工超过150万人，公司运营菲律宾国家输电网和巴西等7家输电特许权公司。公司名列《财富》世界企业500强第8位，是全球最大的公用事业企业。国家电网总资产达到21 192亿元，营业收入15 427亿元，售电量26 891亿千瓦时，输电线路长度618 837公里。

（2）南方电网。

中国南方电网公司属中央管理，由国务院国资委履行出资人职责。公司经营范围为广东、广西、云南、贵州和海南，负责投资、建设和经营管理南方区域电网，经营相关的输配电业务，参与投资、建设和经营相关跨区域输变电和联网工程。

公司总部设有20个部局，以及南方电网电力调度控制中心（与系统运行部合署）和公司招标服务中心。下设超高压输电公司、调峰调频发电公司2家分公司，广东、广西、云南、贵州、海南电网公司和南网国际公司6家全资子公司，以及南网科研院、南网综合能源公司、南网财务公司、南网传媒公司、鼎和财产保险公司5家控股子公司。职工总数30万人。公司成立以来，八年累计完成电网建设投资3 882亿元。售电量年均增长13.7%，累计达到34 192亿千瓦时；营业收入年均增长16.3%，经济效益大幅提升。西电东送电量年均增长23.8%，八年累计达到6 087亿千瓦时；西电东送对保证广东、广西电力供应，促进东中西互联互动、经济社会协调发展发挥了重要的作用。公司完成售电量6 027亿千瓦时，同比增长15.1%。公司在世界500强企业的排名大幅上升了29位，列第156位。

二、银行提供的授信方案

1. 国家电网的电表采购必须通过集中规模招标采购程序，立信仪表参与招标→立信仪表中标→收到中标通知书后，立信仪表与该片地区的各个电力公司签订分标合同→安排发货→电力公司验收合格并安装，试运行合格后支付增值税发票金额为90%的货款，剩余10%作为合同质保金，需在合同产品质保期满后再支付。

2. 南方电网立信仪表在参与其电表的招标业务中标后，销售模式与国家电网类似。

3. 保理方案设计。

（1）业务类型：国内有追索权保理。

（2）协议文本：银行标准格式《国内有追索权保理业务协议》。

（3）销售商品：电能表。

（4）买方：国家电网、南方电网及其下属各个省、自治区、直辖市的电力公司。

（5）融资比例：六个月（由于电表单价金额小，单笔合同金额不大，而下游买方众多，发票数量也较多，开票日期各异，因而融资时，采用银行格式商业发票日期计算到期日）。

（6）应收账款通知时间：融资前。

（7）应收账款通知方式：合同中没有禁止转让条款的，邮寄方式通知。

（8）商业发票：邮寄。提交商业发票及相关邮据，快邮收据必须加盖邮局业务印章，卖方签章和邮寄日期，并在邮寄内容一栏注明“××公司（卖方）与××公司（买方）××合同项下第×××号商业发票（载有应收账款债权转让条款）”字样。

（9）其他保理融资单据。

——中标通知书；

——立信仪表与电力公司签订的合同；

——增值税发票记账联原件加盖已在银行融资章，复印件留存；

——买方签收的产品送货单。

鉴于买方数量众多，且国家电网、南方电网与立信仪表签订的合同文本格式类似，为简化操作流程，首笔融资立信仪表须提交全套单据，后续融资仅提交国内保理业务申请书、银行标准格式的商业发票及相关邮据和应收账款明细表，贸金部抽查部分合同、发票和买方签收到产品送货单，抽查比例不少于融资发票金额的50%。

三、授信风险及风险控制分析

（一）风险点

1. 立信仪表与电力公司签订的合同上规定：货物运到买方指定交货地点经买方开箱验收合格并安装、试运行合格后30日内凭买方签发的验收证书，卖方出具的增值税发票支付合同价格的90%，但实际交易情况中买方未能按合同要求履行职责，买方只在立信仪表送货单上签收收到货物，并要求立信仪表或委托相关企业协助安装，试运行后没有出具任何的验收合格报告。

2. 立信仪表与国家电网下属电力公司签订的合同、开户行是中国银行浙江省分行，因而电力公司的汇款是付至立信仪表在中国银行开立的账户，由于电力公司为强势买方，要其配合立信仪表更改付款路线较为困难，银行为这部分应收账款提供融资，会存在电力公司间接还款现象。

（二）风险控制

1. 尽管买方未按合同履约，但鉴于买方所属国有电力行业，而买方采购的电表同一型号仅有一家中标单位送货，而卖方也承诺更换或保修期一年，因而买方拒收，全部退货和拖欠货款的可能性较低，从立信仪表实际的应收账款周转来看，期限有5~6个月。

2. 若出现间接还款，在银行融资到期日前，企业必须将电力公司汇入银行贷款电汇至银行监管账户，并提供电力公司电汇至中国银行的电汇凭证，确保银行融资资金安全和贸易背景的真实性。

3. 立信仪表参加南方电网招标，与新的电力公司合作，立信仪表在发货后开立增值税发票时，将税票系统里销货单位的开户行及账号改成立信仪表在银行开立的监管账户，并在立信仪表向银行申请保理融资前，要求企业向各个电力公司寄送应收账款债权转让通知书、商业发票，从而确保新的电力公司的回款能直接回到银行的监管账户。

4. 监控买方还款情况，监管账户到款情况，如出现应收账款逾期情况，及时风险预警，并立即暂停买方后续融资。

5. 一旦出现应收账款余额不足的情况，如发票逾期或发生争议等情况，须按照银行保理业务管理规定要求对卖方能够进行反转让，并及时收回保理融资款。

6. 应对客户及其贸易情况进行跟踪管理，密切关注卖方企业的生产经营活动是否正常，与买方的合作是否稳定持续；买方客户的经营状况是否稳定正常。

【点评】

电网公司采购属于较大的金额，上游供应商数量极其众多，且电网公司处于绝对强势地位，所以，银行可以针对电网公司的上游供应商提供保理融资。

【案例4】　湖北省电力公司“1＋N”保理批量授信方案

一、企业基本情况

湖北省电力公司是国家电网公司全资子公司，是湖北省电力建设、输送、销售的独立法人，是全省电网规划、建设和运营的公用事业企业，承担着为湖北经济社会发展和城乡广大电力客户提供安全可靠电力供应的重要职责。公司内设21个部门，辖有直属单位32个，其中发供电单位12个、辅业单位12个、其他单位8个，2010年售电量671亿千瓦时。

公司资产总额为443.57亿元，负债总额为333.8亿元，所有者权益为109.76亿元，主营业务收入为337.86亿元，净利润为1.4亿元，经营性现金流量净额为37亿元。

二、银行提供的授信方案

电力公司与银行的信贷业务合作，主要产品涉及流动资金贷款、法人账户透支、银行承兑汇票、买方付息票据贴现、商业承兑汇票贴现等。电力公司年销售收入为338亿元，对上游供应商的应付账款较为稳定。电力公司在银行的10亿元综合授信额度已到期，为进一步加深与电力公司的业务合作，通过与企业进行充分沟通，了解到其上游发电企业对其应收账款存在融资需求。为支持其上游发电企业的业务发展，加快资金周转，进而推动自身业务迈上新的台阶，电力公司表示愿意配合银行，提供其上游发电企业名单，与银行合作“1+N”保理业务，并提出具体需求：期限为半年或一年，期间应收账款滚动管理，保持应收账款余额大于融资金额。

鉴于买方电力公司为银行重点客户，其上游的发电企业为五大发电集团及省电投的下属子公司，购售电交易背景清晰，电是标准商品，发生争议的可能很小，且由于电力行业先发电后结算的特点，各大发电企业都对电力公司有大量应收账款，一个成熟可行的保理业务模式具有行业普遍适用性，有利于银行保理业务在电力行业广泛应用。电力公司每月的应付账款为28亿元左右，银行向电力公司追加授信至15.5亿元，其中5亿元用于“1+N”保理，在上游发电企业满足银行要求并得到核心企业确认的前提下，都将适合该方案。

电力公司推荐11家发电企业，分别是大唐湖北发电有限公司、大唐韩城第二发电有限责任公司、大唐彬长发电公司、湖北华电蒲城第二发电有限责任公司、国电宝鸡发电有限责任公司、华能国际电力开发公司铜川电厂、华能湖北秦岭发电有限责任公司、湖北清水川发电有限公司、湖北岚河水电开发有限责任公司、黄陵煤矸石热电有限公司、湖北华电瑶池发电有限公司，11家发电企业均为电力公司的上游电力发电企业，占电力公司采购量较大，月均供电额为0.1亿~2亿元，年销售额为1.5亿~35亿元。

上述发电企业与电力公司合作时间均较长，建立了长期稳定的合作关系，售电合同五年签订一次，具体售电量每年签订协议，按电网安排上网。电力公司根据用电量通知发电企业开立发票，通常在发票日后90天内进行支付，少部分在180天内付清。付款方式以转账支票和电汇为主。

（一）总体方案

1. 业务类型：“1+N”有追索权保理。

2. 核心企业：电力公司。

3. 供 应 商：符合下述条件的发电企业：

（1）符合国家产业政策要求，信誉良好，无违约记录。

（2）与电力公司已形成长期、连续、稳定的贸易关系，非单笔交易。

（3）列入核心企业的银行“1 + N”保理业务供应商名单。

（4）在银行开立一般结算账户。

银行第一批确定的供应商有11家：大唐湖北发电有限公司、大唐韩城第二发电有限责任公司、大唐彬长发电有限责任公司、湖北华电蒲城第二发电有限责任公司、国电宝鸡发电有限责任公司、华能国际电力开发公司铜川电厂、华能湖北秦岭发电有限公司、湖北清水川发电有限公司、湖北岚河水电开发有限责任公司、黄陵煤矸石热电有限公司、湖北华电瑶池发电有限公司。

4. 协议文本：《“1 + N”保理业务应收账款转让确认协议》、《银行“1 + N”保理金融服务协议》。

5. 采购商品：火电。

6. 融资比例：合格应收账款的80%。

7. 付款期限及条件：最长不超过发票日后180天。

8. 应收账款通知时间：融资前通知。

9. 应收账款通知方式：核心企业书面确认。

10. 核心企业付款方式：转账支票、电汇。

（二）具体流程

1. 核心企业与银行签署《“1 + N”保理业务应收账款转让确认协议》，发电企业与银行签署《银行“1 + N”保理金融服务协议》。

2. 核心企业每月向银行出具“1 + N”保理业务项下核心企业应付发电企业款项明细表，确认应收账款转让事宜。

3. 发电企业在每次融资前，需向银行提交“1 + N”保理业务申请书和增值税发票复印件。银行客户经理需在增值税发票原件上批注“该发票项下应收账款已转让给××银行”字样，避免发电企业重复转让。

4. 银行审核单据无误后，给予发电企业受核准的应收账款80%的融资，融资期限为融资日后180天内。

5. 在办理融资时，需要发电企业向核心企业发送更改回款账户的通知书，以确保银行在融资到期时，核心企业回款时付至银行为发电企业开立的保理监管账户，用于归还融资。

6. 如电力公司采用支票方式，则要求经营单位出具承诺函，承诺由客户经理陪同发电企业取支票，并监督发电企业将支票款项入账至其在银行开立的监管账户。

7. 融资后每月核对核心企业向银行出具的“1 + N”保理业务项下核心企业应付发电企业款项明细表，确认其向上游发电企业的应付账款大于银行向发电企业的融资余额。

8. 银行根据保理系统出具的卖方客户对账单（月报）于每月主动与发电企业对账，检查双方对应收账款的记载是否一致。出现记录不符的情况应查明原因，及时处理，如双方未达成一致，应暂停对供应商的融资。

9. 切实加强融资后管理工作，对核心企业和发电企业的生产经营状况、每月的供电量、电费的支付等情况进行了解，定期对发电企业的情况进行重新评估，若评估不符合要求，则从“1 + N”保理发电企业名录中剔除。

三、银行收益分析

1. 通过该项业务能带动一批发电企业在银行开户并办理日常结算业务，扩大银行的基础客户群体，并带动一定的日均存款。

2. 通过该项业务可以与核心企业建立更加紧密的合作关系，稳定银行的客户群体。

3. 通过该项业务能在电力行业介入银行的业务，同时该业务具有一定的可复制性，可以进行批量授信的发展。

4. 对中小企业银行的融资利率实行基准利率上浮 15%，大型企业实行基准利率上浮 5%，手续费按照标准费率执行。

湖北省电力公司长期使用银行开出商业承兑汇票，银行予以商票保贴，为企业降低了成本，同时增加了银行的综合收益。

【点评】

本案例中，由电力公司向银行推荐发电企业，银行对发电企业进行批发营销保理业务，思路非常新颖。对于客户经理而言，一定要打开思维，活学活用营销思路，将所有的客户都视为可以利用的渠道类资源，不要局限于客户本身的价值，而是看整个产业链，看这个客户的上游、下游企业。营销保理业务的正常顺序应当是先营销买方，由买方去做卖方的工作，而不是由卖方去说服买方，进行应收账款的确认。

“电力票据通”业务

【产品定义】

电力票据通是指在银行获得授信额度的电网企业签发票据向发电企业支付电费，并代理发电企业办理无追索权票据贴现的一种票据融资业务形式。

【银行电力票据通涉及三方当事人】

电网公司：在银行获得授信额度的各省电网公司（包括南方电网、国家电网及其子公司），该授信额度可以是银行承兑汇票额度或商业承兑汇票贴现额度。

电力公司：（包括电力公司下属销售分公司），商业承兑汇票的收款人、委托人，委托电网公司办理贴现。

【授信规定】

合作的电网公司需实力较强、管理规范，符合银行公司客户授信额度规定。

电网公司已在银行取得银行承兑汇票额度或商业承兑汇票贴现额度。

【操作规程】

1. 电网公司或其分子公司作为出票人（商票为付款人），签发商业承兑汇票给发电公司。

2. 电网公司或其分子公司作为出票人代理收款人在票据上签章背书后向银行申请办理贴现，提供电力上网供应计划（或购售电合同）、相应增值税发票复印件，银行将贴现款项划入收款人账户。

3. 票据到期10日前，银行向出票人（商票为付款人）公司提示票据。出票人（商票为付款人）办理付款手续。

4. 出票人（商票为付款人）、收款人签订《委托代理贴现协议书》，银行派专人核对原件，保证协议的真实性、有效性。

5. 出票人（商票为付款人）、收款人均在银行预留印鉴，并由银行专夹保管，办理贴现时双人逐笔核对。

6. 票据实行封闭式管理，收款人不持票。出票人（商票为付款人）出票后直接将票据交付给银行。

第六篇

焦炭行业授信方案篇

焦炭行业全景及重点目标客户群体。

焦炭行业核心企业特征明显，上游、下游产业链清晰，适合进行供应链营销。客户经理应当认真研究焦炭业，其非常具备开发价值。

产业链全景图：

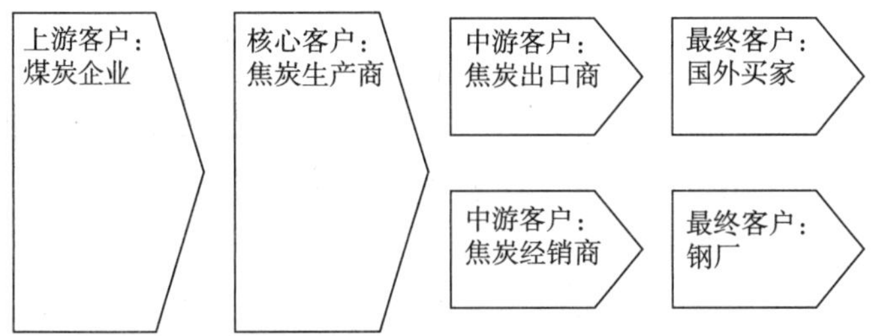

一、上游客户：煤炭企业

二、核心客户

唐山佳华煤化工有限公司、唐山市荣义炼焦制气有限公司、峰峰矿区彭楠焦化有限公司、涉县天利煤化有限责任公司、乡宁县煤焦实业有限公司、曲沃县闽光焦化有限责任公司、临汾万鑫达焦化有限责任公司、山西远中焦化有限公司、山西瑞德焦化有限公司、山西介休三盛焦化有限公司、平遥煤化（集团）有限责任公司、山西常平集团实业有限公司、山西潞宝集团焦化有限公司、山西潞安环能煤焦化工有限责任公司、山西离柳焦煤集团有限公司、山西晋阳煤焦（集团）有限公司、山西华鑫煤焦化实业有限公司、山西金桃园煤焦化集团有限公司、山西金业煤焦化集团古交有限公司、山西海姿焦化有限公司、内蒙古庆华集团庆华煤化有限责任公司、镇江焦化煤气集团有限公司、南京钢铁联合有限公司、南昌长力钢铁股份有限公司、莱芜钢铁股份有限公司、淄博宝塔焦化有限公司、新泰正大焦化有限公司、山东富伦钢铁有限公司、临沂沂州焦化有限公司、安阳市诚晨焦化有限责任公司、平顶山煤业集团天宏焦化有限责任公司、广东韶钢松山股份有限公司、四川圣达焦化有限公司、鞍山钢铁股份有限公司煤焦化公司。

三、中游客户：国家出口焦炭配额获得企业

中国五矿集团公司、中国中化集团公司、中国中钢集团公司、中煤焦化控股有限责任公司、山西明迈特实业贸易有限公司、山西大典商贸有限公司、山西中巴贸易有限公司、山西大晋国际（集团）股份有限公司、山西远翔煤焦有限公司、山西安泰国际贸易有限公司、北京中亚富利国际贸易有限公司、新疆国际实业股份有限公司、山西中瑞贸易有限责任公司、北京五矿利国国际贸易有限公司、宝钢资源有限公司、山西省晋康进出口有限公司、山西亚鑫煤焦化有限公司、山西大土河国际贸易有限公司、孝义市金岩电力煤化工有限公司、青岛焦化制气有限公司、孝义市金晖煤焦有限公司、山西鑫升焦化集团有限公司、山西通洲贸易有限公司、旭阳控股有限公司、山西焦化股份有限公司、山西太兴集团有限公司、山西茂胜煤化集团有限公司、太原市梗阳实业集团有限公司、山西焦炭集团国际贸易有限公司、山西省天利实业有限公司、上海焦化有限公司、天津俊安煤焦化工有限公司、天津洲丽煤焦化工有限责任公司、陕西富邦进出口实业有限公司、宁夏恒昌顺贸易有限公司、贵州华能焦化制气股份有限公司、新疆大黄山鸿基焦化有限责任公司。

四、最终客户：钢铁生产企业、各地的钢厂

五、行业认识

焦炭在钢铁初级冶炼过程中原材料的比例为20%～30%，钢铁行业用焦则占焦炭消费总量的80%以上。两行业高度关联，一方面，焦炭对钢铁生产的影响并不亚于铁矿石；另一方面，钢铁则是焦炭的需求大户，钢铁行业需求量增长对焦炭产品需求起着决定性作用。

焦炭企业分为三类：

第一类是煤炭集团控制的焦化企业，由于煤炭资源有明确的保证，因此经营效益较好。

第二类是钢厂集团控制的焦化企业，由于焦炭的销路有明确的保证，因此经营效益较好。

第三类是市场化的焦化企业，纯粹在市场上竞争经营，经营状况堪忧，不属于银行重点支持的对象。

焦炭企业即一般技术水平钢铁生产企业平均每生产一吨钢铁需要0.6吨焦炭。

山西省实施“发展大机焦、限制小机焦、坚决取缔土焦、改良焦”战略。

焦化产业布局日趋合理。初步形成以吕梁、临汾、太原、晋中、长治、运城六个地区八大焦化工业区和15个重点产焦县为主的产业布局。

六、焦炭货押业务方案

（一）焦炭行业特点

焦炭作为国民经济重要能源产品，广泛用于钢铁、化工、医药等行业，尤其是成为钢铁企业生产过程中的重要原材料，因此钢铁产量从整体上决定焦炭需求总量。

焦炭流程自煤炭采购到下游销售环节，产业链条单一，链条交易特点比较明显。同时，对于单一企业来讲，由于其焦炉炉型一旦建成不可变的特点，多数企业焦炭质量稳定、采购的煤炭固定，且是大宗商品，为基础原材料，性质稳定，市场容量大，价格透明度高，处置变现能力强，保管方便，经销商销售周期短等的特点，为货押业务的开展提供广阔的市场环境。

（二）焦炭行业生产、物流流程

1. 原煤入库。

企业原料采购部门按生产所需购入原煤（原煤生产企业在装车发运之前就会进行质检化验，合格后贴封条发车）。煤炭到达焦化厂后先经过轨道衡计量。入库但并不会堆入相应品种的煤堆。质检部门会在本车入库的原煤中取样进行化验。化验结果合格者，再由铲车堆入正常存货堆，方视为入库。

由于生产需要，煤炭在库区均按照不同的品种堆放。

2. 原煤入洗。

在原煤库中均设有地下“授煤坑”下端是带有皮带秤的传送带，全封闭将原煤送入洗煤机，皮带秤的数据一般设在洗煤厂的总控机房或单独设有电子显示数据表。监管机构可以方便地得到每天甚至各个时段的原煤消耗量。

由于焦炭生产需要多种不同精煤按一定比例混合炼制，所以洗煤厂也会安排相同比例、相应煤种的原煤入洗。举例说明，假设各种原煤的回收率均为70%，企业A生产焦炭有主焦原煤、肥原煤、贫原煤三种原煤，并以主焦精煤:肥精煤:贫精煤＝1:2:1生产焦炭，则洗煤厂会将洗煤厂总生产时间分成四份来安排3种原煤的入洗，以保证企业三种精煤的库存比例为1:2:1，以保证焦化厂的正常生产，同样原材料采购部门也会按此比例安排采购，以保持库存原煤的合理比例。

有些焦化企业自己配备的洗煤厂入洗能力不够，不能供给足够的精煤给自己的焦化厂。所以会有一部分精煤外购（卖方为一些独立的洗煤厂）外购精煤入库程序和原煤一样都会逐车进行抽检化验，合格品方正式入库。

3. 精煤入炉。

精煤同样也会通过库区内的“授煤坑”经传送带送入配煤车间。按煤种分别进入固定的储煤罐，然后按照一定的比例加在有皮带秤的传送带上，然后由机械密闭混合均匀后送入焦炉炼制焦炭。其使用精煤的数据由皮带秤计量电子显示。

4. 焦炭出炉。

经过约 20 小时的生产周期（也叫结焦时间，就是指精煤入炉到焦炭出炉的时间）焦炭出炉。

5. 质检。

质检部门会对新出炉焦炭进行抽检化验。

6. 有利于提高综合收益水平。

焦炭行业为典型的资金密集型企业，产业简单，上游是煤炭企业，下游是大批的钢厂，物流量大，并且方便存储、易于管理。因此，焦炭行业的上下游适合开展货押业务，包括在主焦煤购进环节的未来货权质押、原材料现货质押、产成品质押。适合的授信品种有出口结算、押汇、国内信用证、银行承兑汇票、商业承兑汇票、流动资金贷款等业务。

（三）焦化行业货押业务方案货押业务的模式和品种

1. 生产型企业现货质押业务。

以其库存的原材料、产成品为质物，形式为总量控制、动态输出监管，质物以原煤、洗精煤、焦炭为主，按照一定的比例折算成焦炭，以焦炭价格作为盯市主体。授信品种为国内信用证、供应链买方融资、银行承兑汇票、流动资金贷款、法人账户透支等。焦化企业以厂区质押。

质物：原煤、精煤、焦炭（其中焦炭货值不能超过总金额的 50%）

业务模式：现货质押，动态输出监管

货权形式：非标准仓单

仓库位置：企业自有货场

监管人：国有大型监管公司

质押率：结合企业授信评级设定不同的质押率

AA 级以上企业最高不超过 80%

A 级以上企业最高不超过 70%

BBB 级企业不超过 65%

BB 级企业不超过 50%

2. 基于外贸企业出口信用证项下的先票（款）后货质押业务。

为解决具有焦炭出口许可证的出口业务，针对国外焦炭采购商与申请人之间真实的贸易背景，主要针对有焦炭出口许可证的外贸企业。用先票（证、款）后货的模式，从焦炭生产厂家交货开始就实施动态监管，到货物在港口制定仓库集港直到企业装上出口远洋运输船换回提单，再到从国外收回出口货款，其间要求从出库开始到装船换回提单的整个环节由同一家国有大型监管公司进行监管。以出口的焦炭为质物，货物装车由监管机构进行监管，全程控制货权，可以有效地控制风险。

模式：从卖方焦化企业焦炭出库开始延伸到港口存货集港装船全程监管模式

质物：焦炭

业务模式：未来货权

货权形式：货权转移、非标准仓单

仓库位置：在途以及港口第三方仓库

监管人：国有大型监管公司或国家级大型港口物流公司如上港集团物流公司、天津港散货交易市场以及国家级保税区监管机构

监管模式：动态、输出监管

质押率：结合企业授信评级

AA 级以上企业最高不超过 80%

A 级以上企业最高不超过 70%

BBB 级企业不超过 65%

BB 级企业不超过 50%

授信品种：银行承兑汇票、国内信用证、供应链买方融资、流动资金贷款等

3. 港口现货质押业务。

模式：港口存货模式

质物：焦炭

业务模式：现货质押

货权形式：货权转移、非标准仓单

仓库位置：港口第三方仓库

监管人：国有大型监管公司或国家级大型港口物流公司如上港集团物流公司、天津港散货交易市场以及国家级保税区监管机构

监管模式：动态、输出监管

质押率：结合企业授信评级

AA 级以上企业最高不超过 80%

A 级以上企业最高不超过 70%

BBB 级企业不超过 65%

BB 级企业不超过 50%

授信品种：银行承兑汇票、国内信用证、供应链买方融资、流动资金贷款等

港口现货货权转移质押业务，以具有焦炭出口资质的焦炭生产型企业和外贸企业为授信主体，以经销的产品为质物，依托港口物流货权转移严格的控制过程，定位于企业的销售环节，本着打款出库原则，过程简单，可以有效地控制风险。授信产品主要为银行承兑汇票、国内信用证、流动资金贷款等。

（1）目标企业选择。

根据企业经营和财务状况，在国家发展改革委焦化行业准入名单内，以供应链买方融资、国内信用证、流动资金贷款、银行承兑汇票等为授信模式，优先支持新建项目符合国家行业准入标准大型钢铁联合企业配套焦炉、大型煤炭集团焦化产业链延伸企业；重点支持年生产能力 100 万吨及以上的焦化企业；择优支持 60 万～100 万吨产能的焦化企业，对于产能介于 60 万～100 万吨的有发展改革委准入资质的焦化企业，要求如下：

①上游有自己的煤矿，煤矿有合法手续，符合国家有关煤矿的法律法规。以保障焦化的原材料供应，有较强的抗风险能力。

②下游有稳定的销售渠道，为大型钢铁企业或者在各地区排名前列的贸易企业为稳定客户。

③经营状况良好，销售畅通，回款稳定。

（2）准入标准和额度确定。

①生产型企业现货质押业务。

——符合国家产业政策，达到国家环保要求。

——经营年限3年以上，且连续盈利，2008年产量60万吨（名单内企业）。

——经过2008年市场变化后，经营周转正常。

——可以提供良好的监管场地和条件满足输出监管的需要。

②港口货权转移现货质押业务。

——在商务部焦炭出口许可证名录内或内贸下游稳定。

——申请人从业3年以上，经营状况良好，具有丰富的进出口经验。

——国外采购商与申请人之间贸易背景清晰，有稳定的供货关系。或下游直接销售钢铁企业且合作稳定，在出账前落实下游厂家的订货或代理合同的贸易型企业。

③先票（款）后货质押业务。

——注册资金在1 000万元以上，销售收入2008年5亿元以上。

——经营年限在3年以上，且连年保持盈利，销售途径健全、稳定，对焦炭出口具有丰富的经营经验，经营状况平稳增长。

④质物的选择和价格确定。

——质物的范围

银行可接受的质押产品包括焦炭生产用原煤、洗精煤及焦炭等。

——质物的价格

质物的价格确定依据为办理质押日前一日中华商务网与合同交易价格孰低原则作为质物价格。

——质物质押率

质押率等于授信敞口金额/质押物价值，以实际质押的产品确定质押率，最高不超过80%。

（四）风险要点及防范措施

风险要点

（1）质物价值风险。

质物价值风险主要包括质物价格的波动和质物数量的波动风险，价格的降低和数量的减少都对银行货押业务产生重大影响。在对多家大型煤焦企业走访调查后发现正常经营的、有一定规模的此类企业，由于上游、下游客户特别是下游客户十分稳定，绝大多数是钢厂或者国外大型进口商。他们对所购焦炭品质都有较为稳定的要求。

①针对原煤的方案：对企业库存原煤以3:1折算成焦炭，比焦化行业实际原煤折焦炭提高了30%，按照以上的测算情况分析，银行在不考虑70%的质押率情况下，实际质押率已是货值的70%，如在此基础上再核定质押率70%，则最终实际质押率达到50%。

②针对精煤的方案：对企业库存原煤以1.5:1折算成焦炭，比焦化行业实际精煤折焦炭提高了10%，按照以上的测算情况分析，银行在不考虑70%的质押率情况下实际质押率已是货值的90%，如在此基础上再核定质押率70%，则最终实际质押率达到63%。

焦化企业对于采购的原煤和精煤的质量把控较严，一般均采用了逐车抽样质检的方式，作为对质押物质量的把控，银行要求企业将自检结果留存银行作为参考备查，同时每月对质物以及产成品焦炭实行抽样，并交权威第三方机构化验，以确保质押物质量。

以折算后相应数量的焦炭价值作为质押物价值，将焦炭作为衡量原煤和精煤的价格、品种质量以及配比的标准，既解决了原煤品种复杂盯市取价困难的问题，又可以从产成品的角度及时发现企业生产经营中的问题，防范并极大地降低银行资金风险。

（2）质物真实性风险。

①核对证书、发票。

焦化企业在生产环节结束时即焦炭出炉后会自行按批次安排作相应的质量检验，这些检验报告会在实现销售时作为跟车质检单据作为质量证明。钢厂在购买焦炭的时候也需要按照自己需要的钢材配比对采购目标企业的焦炭一一化验，确保合格。所以在交由第三方化验机构检验焦炭质量的同时，买卖双方对质押物质量也有严格的要求。

所有质押物入库时由监管公司核对质押物权属以及质量证明材料，实地核实质物权属是否清晰，采取查看发票、实地调查的方式防范重复质押风险。

②第三方机构质检。

由于煤炭、焦炭物理特性稳定，不易燃，不易变质，所以一般不需投保。银行经选择当地权威的煤炭检验机构为煤炭及焦炭产品质量检验机构，以确保银行质押物的质量合格。

【案例1】　山西华湘贸易有限公司融资授信方案

一、企业基本情况

（一）卖方介绍

山西华湘贸易有限公司注册资金为2 000万元，主要经营范围为煤炭贸易，同山西昆钢煤焦化有限公司安宁分公司、攀枝花攀煤联合焦化有限责任公司等多家实力雄厚的用煤企业及下游湾田煤矿、华阳煤业等多家储量丰富的煤矿建立了长期战略合作关系。有多年煤炭贸易经验，主要销售至山西昆钢煤焦化有限公司、同明焦化制气有限公司以及攀枝花攀煤联合焦化有限责任公司三家较大的焦化企业。

公司主营业务收入为28 087万元，较上年25 584万元增加了2 503万元，营业利润为1 505万元，较上年增加了308万元，总资产达6 934万元，较上年增加了3 349万元，净资产为4 732万元，增加了2 229万元，实际利润率较高，公司主营业务收入、净资产、总资产持续稳定增加。公司竞争能力、盈利能力等持续增强。

（二）买方介绍

买方一：山西昆钢煤焦化有限公司安宁分公司

山西昆钢煤焦化有限公司注册资本金为12亿元，安宁分公司现拥有2.5万吨配煤槽一套、8万吨露天煤场一个、两座58－Ⅰ型焦炉、两座JN60－3型6米大容积焦炉及相配套的炼焦煤卸车、储存、运输、制备装置，6米焦炉干熄焦（140吨/小时）系统一套、两套煤气净化装置、一套轻苯加工装置、一套煤焦油加工装置和一套污水处理工艺。现具备年产焦炭145万吨，焦炉煤气6亿立方米的能力。

山西昆钢焦化有限公司是昆明钢铁控股有限公司的全资子公司。其中实物资产为4.52亿元，货币资金为7.48亿元，煤焦化公司现拥有4个煤矿，有4.3米顶装焦炉4座、6米大型焦炉2座、4.3米捣固焦炉2座，主要采用自动配煤控制方式、先配比后粉碎的工艺。3套与焦炉配套的煤气净化装置、一套15万吨焦油精制装置，公司拥有的5万吨/年苯加氢加工装置，公司已经投产的140吨/小时干熄焦设备是西南第一套、国内第三套干熄焦装置，公司还拥有国内第一套微波处理焦化废水装置，在建2座5.5米捣固焦炉和配套甲醇生产项目，具备年产280万吨焦炭生产能力，是一个集煤矿生产、煤炭加工转换生产煤气（城市煤气、工业用煤气）、焦炭、化工产品、煤炭深加工、焦化废水处理、燃气工程为一体的能源加工型企业集团，是昆钢非钢产业的重要支柱。

山西华湘贸易有限公司为该公司第四大供应商，其前三名供应商2010年采购金额及占比情况如下表。

前三名供应商	××××年采购金额（万元）	××××年占全部采购比率（%）
六盘水红果经济开发区松山洗煤厂	66 000	20
山西东源煤业集团	59 400	18
贵州盘江精煤股份有限公司	52 800	16

买方二：同明焦化制气有限公司

同明焦化制气有限公司是山西昆钢煤焦化有限公司的全资子公司，现拥有配煤系统两套、8.4万吨露天煤场一个、两座顶装JN43－B0型焦炉、两座4.3米JNDK43－99D型单热式捣固焦炉及与此相配套的炼焦煤卸车、储存、运输、制备装置、两套煤气初冷装置及一套硫胺、粗苯、脱硫及押送装置，一套5万吨苯加工装置（正在建设）、一套15万吨焦油加工装置和一套污水处理工艺，并配有2台35吨燃煤锅炉和2台3 000兆瓦汽轮发电机。现具备年产焦炭130万吨、焦油处理能力15万吨的水平。

同明焦化制气有限公司总资产为190 830万元，净资产为29 987万元，是山西昆钢煤焦化有限公司的全资子公司，对于规模较大的上游供应商如山西东源煤业集团、贵州盘江精煤股份有限公司等大型企业，公司采用预付款的形式采购原材料，公司为强势国企，均采取先货后款的模式结算，一般账期为3~5个月。

二、银行提供的授信方案

（一）保理方案

卖方：山西华湘贸易有限公司

买方一：山西昆钢煤焦化有限公司安宁分公司

买方二：同明焦化制气有限公司

销售商品：洗精煤（主焦煤、1/3 焦煤）

保理融资额度：人民币 7 000 万元

业务类型：国内有追索权保理

卖方协议文本：银行标准《国内有追索权保理业务协议》和《委托收款及账户质押协议》

应收账款转让通知方式：卖方融资前通知，买方签署应收账款债权转让通知书回执提交银行

买方付款方式及付款路径：山西昆钢煤焦化有限公司及同明焦化制气有限公司若以电汇付款，则付至卖方在银行开立的监管账户，若以银行承兑汇票方式付款，则要求两家公司将银行承兑汇票直接交付至银行，并将贴现资金直接划入监管账户

融资比例：合格应收账款（发票金额）的 70%

融资方式：表内融资（按发票金额 70% 发放流动资金贷款）、表外（发票金额 100% 开立银行承兑汇票或国内信用证，同时缴纳 30% 保证金）

保证金：表内融资无保证金，表外按开票或开证金额 30% 缴纳保证金

买方付款期限：增值税发票开立后 150 天

融资期限：增值税发票开立后 180 天

资金用途：专项用于公司向其上游供应商采购原材料

保理融资手续费：发票金额的 0.5%

（二）供应链安全性分析

买方山西昆钢煤焦化有限公司主要作为管理机构，对外不开展业务，主要结算均放在山西昆钢煤焦化有限公司安宁分公司进行。山西华湘贸易有限公司为该公司稳定的上游客户，合同均按年度合同签订，合作稳定。昆钢煤焦化安宁分公司拥有年产 145 万吨焦炭装置，毗邻武钢昆明本部炼铁厂，安宁分公司生产焦炭用皮带传送形式即可到达武钢昆明本部炼铁高炉。因此，山西华湘贸易有限公司销售给公司的洗精煤经安宁分公司加工生产后销售给昆钢，贸易回款有保障。

（三）收益分析

1. 按融资期限计算，公司申请 7 000 万元额度，期限一年，公司货款结算最长不超过 150 天，一年按两次循环计算，累计可实现放款 14 000 万元。

2. 保理融资手续费按 0.5% 收取，累计手续费收入 70 万元。

（四）风险控制

1. 买方山西昆钢煤焦化有限公司经银行长期营销，银行获批 3 万亿元综合授信额度，在银行评级为 A 的企业。付款能力有保障，保理放款时，银行将严格审查应收账款，不为逾期即不合格的应收账款提供融资。

2. 督促卖方签署并向银行提交应收账款债权转让通知书。

3. 每次融资前要求提供买卖双方应收账款产生及往来的增值税发票、由客户经理在原件单据上对保理融资作相应批准。

4. 客户经理密切关注保理监管账户资金情况，保证及时归还保理融资款项。买方回款至卖方在银行开立的保理监管账户后，客户经理需同贸易金融部进行账务核对，核对确认后，有客户经理向运营管理部提出申请，及时用于偿还保理业务到期资金（表外情况下将该账户上的款项划入相应的银票或国内信用证保证金账户内，以便到期承兑付款）。

5. 关注公司的经营情况，加强过程管理和贷后检查，认真监控公司的资金用途，督促其按照授信合同约定安排使用资金，避免挤占挪用。若买方出现经营情况恶化或不按照协议书履行义务的，银行将暂停融资。

6. 需跟踪卖方经营情况和发货情况，以及买方经营情况及付款情况，发现异常情况。

【点评】

对焦炭企业提供保理融资属于最经典的融资模式，由于焦炭企业下游为特大型的钢铁企业，可以对焦炭企业提供保理融资，依托下游为特大型的钢铁企业良好的信用控制对焦炭企业的授信风险。

【案例 2】 江西南昌焦电有限公司融资授信方案

一、企业基本情况

江西南昌焦电有限公司注册资本金 1. 32 亿元，职工人数 620 人。具有年 60 万吨焦炭生产和 3. 9 兆瓦余热发电能力。冬季一向是传统的煤炭需求旺季，中小煤矿整合整顿工作尚未结束，北方市场可供资源紧张的态势并无明显改善。而且由于雨雪，加上年末运输能力逐渐紧张，近期北方地区钢厂和焦化企业焦煤到货量有所减少。

国内钢铁产量持续保持高位，焦炭市场需求较为旺盛。2011 年 11 月中旬钢协会员企业的日均粗钢产量为 124.7 万吨；预估 11 月中旬日均产量为 159.95 万吨。山西、河北等地的焦化企业均表示，钢厂焦炭库存不高，纷纷加大焦炭的采购力度，最近焦炭出货情况良好。山东、河南的焦化企业也反映，市场需求旺盛，焦化企业都是满负荷生产，厂内基本没有库存，出货顺畅。

企业主要产品为焦炭，主要产品约占销售收入的 90%，其余产品为发电、煤炭批发约占销售收入的 10%。企业毛利率为 8.8% ~13.5%。企业实现资产总计 5.7 亿元。

企业销售收入连续三年基本保持稳定，均在 7 亿 ~10 亿元，主要原因是企业受下游钢铁企业产销影响较大。

前三名供应商（按金额大小排名）	金额（万元）	占全部采购比率（%）
青岛翔宇经贸有限公司	15 890	18.96
霍州煤电	13 400	16
山东力运煤炭运销有限公司	12 600	15
青岛翔宇经贸有限公司已与企业合作 3 年，霍州煤电已与企业合作 2 年，山东力运煤炭运销有限公司与企业合作 4 年，剩余供应商均与企业保持 3 ~4 年供求关系（如济宁金胜、山西焦煤集团），供货质量有较高保障，企业可以选择供应商的范围较为宽泛，故议价能力较强。		

销售渠道分析		
前三名销售商（按金额大小排名）	金额（万元）	占全部销售比率（%）
青岛钢铁	40 000	40.4
江苏联峰（股东之一）	30 000	30.3
福建亿鑫	20 000	20.2

二、银行提供的授信方案

授信方式	授信品种	币种	金额（万元）	保证金比例（%）	期限（月）	利率/费率（%）
公开授信额度		人民币	6 200.00		12	
可循环综合授信	流动资金贷款	人民币	2 200.00	0.0	12	基准利率
可循环综合授信	国内信用证融资	人民币	4 000.00	30.0	12	基准利率
担保方式及内容	质押物名称：精煤、焦炭			授信敞口（万元）	5 000.00	

该企业预计生产焦炭 57 万吨，现需增加采购原材料 7.8 万吨，整体销售收入提升至 10 亿元左右，按照原材料精煤均价 1 100 元/吨计算，企业资金需求为 8 580 万元，企业自筹资金 2 380 万元，剩余资金部分由银行提供，授信额度为 6 200 万元，授信品种为流动资金 2 200 万元；国内信用证 4 000 万元（30% 保证金），全部用于采购原材料，国内信用证可以绑定上游供应商，如青岛翔宇、霍州煤电、山东力运煤炭等公司办理议付。

单一的焦化企业已经不再适合当前国家宏观调控的整合，该企业牢牢绑定下游三个大型钢厂，销售可以得到保证，原材料的供应商均是长年合作的厂家，供应关系稳定且申请人与供应商谈判议价能力较强。质押物市场价格公开程度较高，便于银行对质押物进行盯市。此次监管单位为青岛中远物流有限公司，监管单位为总对总合作项下的合作企业，可信度较高。

【点评】

在本案例中，企业以自有的原材料煤炭和生产出来的焦炭作为质押，银行提供流动资金贷款和国内信用证。对于焦炭生产企业，银行可以帮助企业盘活商品，企业在商品价格处于低位的时候办理融资，在价格走高的时候选择提货出售。

【案例3】　内蒙古焦煤集团国际发展有限公司授信方案

一、企业基本情况

核心企业：内蒙古焦煤集团国际发展有限公司系总行级重点客户内蒙古焦煤集团的下属子公司，其授信系领用集团公司授信，内蒙古焦煤集团国际发展有限公司前身为西山矿务局进出口公司。公司经营范围为自营和代理各类商品及技术的进出口业务，焦炭、原煤、精煤、机电、化工（国家限制的除外）、建材等产品的销售；矿用设备修理；技术开发等业务。

供应商：平陆昌盛不锈钢炉料有限公司是生产高、中、低、微碳铬铁及硅铬合金的专业铬系生产企业，是首批通过国家铁合金准入条件，公司通过质量体系认证，全国 70 家准入企业之一，是内蒙古 30 家重点企业之一。

二、银行提供的授信方案

客户在银行有流贷或银行承兑汇票额度，公司有稳定的产业交易链条，报表显示应付票据较大，企业有降低资产负债率的需求。利用公司核心企业地位，为其向上游供应商进行采购采用国内信用证结算方式来取代传统银行承兑汇票结算方式，银行为其上游供应商办理议付或议付后转卖。

<table>
<tr><td colspan="6">一、授信方案</td></tr>
<tr><td>额度类型</td><td colspan="2">公开授信额度</td><td colspan="2">授信方式</td><td>综合授信额度</td></tr>
<tr><td>总授信额度（万元）</td><td colspan="2">30 000</td><td colspan="2">期限（月）</td><td>12</td></tr>
<tr><td>具体授信品种</td><td>在总授信额度中占比（%）</td><td>保证金比例（%）</td><td>是否循环</td><td>用途</td><td>贡献分析</td></tr>
<tr><td>1. 国内公开型有追索权保理</td><td>80</td><td></td><td>是</td><td>为大型钢厂提供焦炭，可以提供保理融资</td><td>1. 融资利息收入；
2. 手续费收入</td></tr>
<tr><td>2. 银行承兑汇票</td><td>20</td><td>50</td><td></td><td>用于购买煤炭等物资</td><td>1. 保证金存款；2. 手续费收入；3. 关联营销上游企业办理贴现，可以获得贴现利息收入</td></tr>
<tr><td colspan="4">授信总敞口（万元）</td><td colspan="2">建议不超过30 000</td></tr>
<tr><td colspan="6">二、担保方式</td></tr>
<tr><td colspan="6">国内公开型有追索权保理按照信用方式提供（由于有大型钢厂的应收账款作为风险控制，提供融资风险可控）
银行承兑汇票需要企业提供担保或抵押</td></tr>
</table>

平陆昌盛不锈钢炉料有限公司在融资的时候，须要向银行提供：

1. 贷款卡。
2. 开户许可证，在银行开立结算账户。
3. 在银行有授信额度。
4. 提交商品交易合同。
5. 提交开证申请书，加盖企业公章及法人名章。

6. 缴纳不低于20%比例的保证金。

7. 属于国内信用证专项额度的，直接办理。

8. 属于其他授信额度的，到公司业务部门申请额度。

9. 向银行递交到期承诺付款书，加盖公章。

10. 向银行提出融资需求的，提交相应申请书，加盖公章、名章。

【点评】

在本案例中，银行选择提供国内信用证，在焦炭行业，使用国内信用证非常有优势。

1. 对买方。

对核心企业来说，开立国内信用证是属于表外业务，使用国内信用证结算，买方核心客户可以通过开立国内信用证改善财务报表，延缓对外支付时间，最长可达6个月，同时允许卖方融资，可以提升买方的谈判地位，对于开证费用成本可以适度转嫁给卖方，提高业务使用积极性，还可以利用信用证的条款，控制发货期及结算时间。

2. 对卖方。

对于卖方企业来说，国内信用证通过银行信用替代商业信用，能够帮助卖方提前锁定交易价格和条件，获得银行低成本融资，只要单证相符，不占用自身授信额度的情况下，提前取得货款，加速资金周转。如遇到开证行拒付的情况，依然掌握货权，不至于钱货两空。

从产品的角度来说，国内信用证对买方的资信要求明显高于卖方，非常适合。从核心买方企业开展营销，采用国内信用证中的延期付款方式，与议付融资结合。

具体操作可以根据核心企业提供的供应商名单，由核心企业开立延期付款信用证，允许议付，银行为供应商的卖方银行，为供应商提供议付融资或卖方押汇。议付融资利率相对较低，客户易于接受。发货后，对于单证相符的单据无须占用卖方客户的授信额度，视同低风险业务处理。

可以对卖方的单据叙做福费廷，实现表内外的转化，有效缓解信贷规模压力。

【案例4】　山东省青岛同德焦煤有限公司授信方案

一、企业基本情况

1. 卖方：山东省青岛同德焦煤有限公司。

山东省青岛同德焦煤有限公司注册资金为26.93亿元人民币，员工人数约为918名，公司主要经营煤炭开采、洗选、冶炼、加工、运销、建材物资及矿用材料的经销、机电设备及汽车修理。

2. 买方：太原钢铁集团有限公司。

太原钢铁（集团）有限公司是以生产板材为主的特大型钢铁联合企业，拥有铁矿石等钢铁冶炼原料的采掘与加工、钢铁冶炼、钢铁材料压力加工、冶金设备及备品备件制造等方面先进技术和装备。年产钢539.10万吨，实现销售收入360.81亿元。太钢的主要产品有不锈钢、冷轧硅钢片（卷）、碳钢热轧卷板、火车轮轴钢、合金模具钢、军工钢等。不锈钢、不锈复合板、电磁纯铁、火车轮轴钢、花纹板、焊瓶钢市场占有率国内第一。

二、银行提供的授信方案

1. 业务类型：公开型有追索权保理。

买方：太原钢铁集团有限公司

付款期限：120天以内（具体以合同为准）

业务协议：银行标准《有追索权保理业务协议》

融资比例：80%

2. 风险控制。

（1）银行应严格执行信审会的有关决议并落实相关授信条件，在额度内为该公司办理保理业务。

（2）严格按照银行有关保理业务操作的相关规定处理具体业务，认真审核单据，确保交易的真实性。

（3）转让给银行的应收账款必须为合格的应收账款，严禁为逾期及不合格的应收账款叙做保理业务并提供融资。

（4）根据基础交易合同确定付款期限，并将付款期限和到期日明确显示在银行标准格式的商业发票上。

（5）银行应要求卖方开立监管账户，并确保卖方督促买方将保理款项付至上述监管账户；如发生到期后买方直接付款至卖方其他账户的情况，应立即暂停融资。

【点评】

本案例中，银行对焦炭企业提供保理融资，同样下游风险控制依托在大型钢铁企业集团，银行营销大型钢铁企业集团的采购部门，要求其向银行推荐供应商，大型钢铁企业集团可以获得延长账期和获得一定融资安排费的利益。营销客户一定要从给客户带来哪些利益入手去刺激客户配合银行。

【案例5】　焦炭行业货押批量授信方案

一、企业基本情况

庆华市山泰焦化有限公司注册资本1 500万元，该公司以年130万吨产能成为省内行业骨干企业，焦炭主要销售给山东泰山钢铁集团有限公司，年实现销售收入22.79亿元，净利润15 388万元。银行给予其综合授信额度3 000万元，授信品种为流动资金贷款（供应链融资），截至2011年8月累计出账6 000万元，实现日均存款3 500万元，货押业务管理费为10万元，利息收入36万元。

新泰正宏焦化有限公司注册资本10 000万元，年产焦炭60万吨，进入国家发展改革委《焦化行业准入条件》企业名单（第三批），焦炭产品主要销售给日照钢铁集团公司，年实现销售收入12亿元，净利润为9 960万元。银行给予其综合授信额度6 000万元，授信品种为银行承兑汇票，50%的保证金。截至2011年8月累计出账6 000万元，实现日均存款3 000万元，货押业务管理费3万元。

二、银行提供的授信方案

批量授信方案

操作模式：现货质押

质押物：精煤、冶金焦炭

货权形式/监管模式：动产/动态

赎货期：不超过5个月

授信品种：银行承兑汇票/供应链买方融资（限于向供货商支付货款）

质押率：不高于70%

盯市依据：中华商务网

保险要求：质押物在仓储过程中必须购买保险，保单受益人为银行

质检要求：每次出质时，必须对质押物进行质检，并应不定期进行抽检

焦炭企业

<table>
<tr><th colspan="7">授信模板</th></tr>
<tr><td colspan="7">一、授信方案</td></tr>
<tr><td>额度类型</td><td colspan="2">公开授信额度</td><td colspan="3">授信方式</td><td>综合授信额度</td></tr>
<tr><td>总授信额度（万元）</td><td colspan="2">9 000～20 000</td><td colspan="3">期限（月）</td><td>12</td></tr>
<tr><td>具体授信品种</td><td>在总授信额度中占比（%）</td><td>保证金比例</td><td>是否循环</td><td colspan="2">用途</td><td>贡献分析</td></tr>
<tr><td>1. 打包贷款</td><td>40</td><td>00.00</td><td>是</td><td colspan="2">出口融资，打包后的资金必须确定用于出口物资的采购</td><td>贸易融资利息收益</td></tr>
<tr><td>2. 关税保函</td><td>30</td><td>00.00</td><td>是</td><td colspan="2">对缴纳关税进行担保</td><td>1. 保证金存款；
2. 手续费收入</td></tr>
<tr><td>3. 国内信用证/银行承兑汇票</td><td>30</td><td>00.00</td><td>是</td><td colspan="2">在国内购买焦炭，使用国内信用证或银行承兑汇票</td><td>1. 保证金存款；
2. 手续费收入</td></tr>
<tr><td colspan="4">授信总敞口（万元）</td><td colspan="3">建议不超过9 000</td></tr>
<tr><td colspan="7">二、担保方式及内容</td></tr>
<tr><td colspan="7">×××有限公司对打包贷款5 000万元提供连带责任保证担保，银关保4 000万元采用信用方式。</td></tr>
<tr><td colspan="7">三、营销思路</td></tr>
<tr><td colspan="7">授信认识：
1. 一般中国焦炭出口，都由国外买家开来信用证，国内焦炭公司拿到信用证后，组织焦炭货源进行出口。
2. 中国对焦炭出口实施征收关税，所以银行应对焦炭出口贸易商实施关税保函业务。
3. 用于向境内的企业采购焦炭等，使用国内信用证，国内信用证用于保证付款，在焦炭供应商付款后，办理议付融资。
4. 中国的焦炭出口企业众多，各家银行应当高度重视这部分市场，拓展贸易融资业务。</td></tr>
</table>

【点评】

焦炭行业是工业经济发展的基础性行业，其下游产业主要为炼钢、炼铁及铁合金冶炼等钢铁行业。山东省作为钢铁企业大省，也是焦炭生产大省，规模以上焦化企业50多户，居全国第三位。为推进焦化行业结构调整，走企业大型化、产业集群化、市场集约化的可持续发展之路，适应钢铁工业发展需要，山东省联合45家焦化企业组建了山东焦化企业集团，生产能力达到2 000万吨，销售收入达到400亿元，成为国内焦化工业名副其实的“联合舰队”。

银行下一步从钢铁行业入手，联合山东焦化企业集团，积极营销省内重点焦炭供应商，以期实现焦炭行业货押批量授信业务的大力发展。

第七篇

钢厂授信方案篇

钢铁行业是银行营销的最经典行业，存在大量机会。整个钢铁产业链极长，合作关系稳定，交易结算模式清晰。焦炭行业与钢铁行业为上游、下游行业，彼此关系极为密切，资金往来频繁。

产业链全景图：

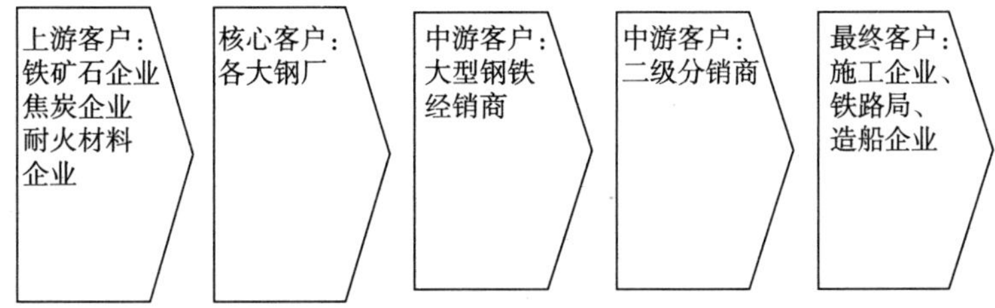

一、一线钢厂授信思路

名单：河北钢铁集团、宝钢集团、山东钢铁集团、鞍本集团、武钢集团、马钢集团、太钢集团、首钢集团、安钢集团、沙钢、华菱集团、包钢集团、鞍山钢铁股份有限公司集团等特大型优质钢铁企业及下属企业。

特征：此类客户为行业龙头企业，因其国资背景、巨大规模和强大政策支持力度，成为各家银行追逐的战略级客户，整体资金需求不多，大量使用票据替代贷款降低融资成本，授信额度使用率低，具备较强直接融资能力。其自身企业集团庞大，业务规模大、种类繁多，这类客户组建保兑仓网络较为困难，厂商不会提供回购担保。

二、二线钢厂授信思路

名单：国丰钢铁、酒钢集团、南京钢铁、通钢集团、三钢集团、杭钢集团、东北特钢集团、石钢、新冶钢、兴澄特钢、天钢、天铁、天津钢管、新余钢铁、重庆钢铁、新兴铸管等。

特征：此类客户为区域强势企业，行业地位显著，授信风险低，部分产品处于龙头地位，为各家银行的重点存贷款客户，各家银行对其授信较为充足，授信使用率一般，贸易融资等额度大量闲置。通过深化银企合作为其上游、下游提供供应链融资，风险可控，收益显著。

对策：针对此类客户，通过扩大授信额度，明确银行对其支持态度后，取得钢厂支持，重点营销银行钢铁保兑仓网络，做大其上游和下游保兑仓、保理、货押融资，延长资金在银行沉淀时间，大幅提高网络项下存贷款及票据业务收益。

三、三线钢厂授信思路

名单：辛集澳森钢铁、唐山港陆、河北文丰、中天钢铁、泰山钢铁、元立金属、德龙钢铁等。

特征：此类客户规模较大，市场适应能力较强。因其多为民营企业市场敏感度高，企业决策效率高，运营成本低，利润水平好，近年迅速扩张，资金需求较强。银行如果对其提供较大规模的授信支持，核心客户综合收益高，存贷比例超过1:1。

对策：针对此类客户，银行主要推广其上游和下游保兑仓、保理、货押融资，应重点通过供应链融资和结算业务来了解企业生产营销情况，在风险控制的条件下，追求高收益。

【案例1】 钢厂配套供应商、经销商金融服务方案

一、企业基本情况

鞍山钢铁股份有限公司是国内第一家在香港、上海证交所上市的特大型钢铁联合企业。经过五十多年的艰苦创业、滚动发展，现发展成为产能具备1 500万吨规模的大型企业集团。现拥有国内最先进的热轧H型钢生产线和国内最大的车轮轮毂专业生产厂，建成了车轮轮毂、高速线材、H型钢、钢筋、CSP、冷轧、镀锌、彩涂等20条具有国际标准的生产线，形成了独具特色的“板、型、线、轮”产品结构，按国际先进标准组织生产的产品达到钢材产品总量的80%，是国际、国内市场具有较强竞争能力和较高经济效益的现代化大型钢铁企业。

二、银行提供的授信方案

（一）方案内容

1. 对鞍山钢铁股份有限公司推荐并符合银行有关信贷政策的上游供应商提供以鞍山钢铁股份有限公司应付账款为条件的融资业务支持。

2. 对鞍山钢铁股份有限公司符合银行有关信贷政策的配套经销商提供：预付账款、现有存货、未来货权为条件的融资业务支持。

（二）合作总额度

银行对鞍山钢铁股份有限公司供应商提供的以鞍山钢铁股份有限公司应付账款为条件融资总额度暂定为5亿元；对鞍山钢铁股份有限公司配套经销商融资总额度暂定为30亿元。

（三）鞍山钢铁股份有限公司上游供应商金融方案

针对鞍山钢铁股份有限公司产业链上游客户资源丰富，通过借助鞍山钢铁股份有限公司平台与鞍山钢铁股份有限公司上游供应商的合作，不仅能够满足上游企业融资需求，而且可以深化银行与鞍山钢铁股份有限公司的合作关系，同时拓展一批客户与银行建立业务合作。根据同业已经开展的业务情况，银行制定针对以鞍山钢铁股份有限公司为买方客户，对其上游供应商提供应收账款融资的服务方案。

1. 鞍山钢铁股份有限公司上游供应商情况、资金结算情况和融资需求。

鞍山钢铁股份有限公司实现销售收入347.6亿元，主营业务成本为309.3亿元，月均经营成本支出约35亿元，其中原材料采购为25亿~28亿元。从鞍山钢铁股份有限公司原材料结构看，主要是煤焦化、烧结、炼铁、炼钢等系统生产所需铁矿石、煤炭、焦炭、废钢、生铁、合金及其他辅助材料。上游供应商有240家，鞍山钢铁股份有限公司主要通过对供应商的合同履行能力及供应量情况进行分类实行ABC等级管理，其中：A类66家；B类83家；C类91家，其中辽宁省内供应商76家，马鞍山市内供应商32家。由于铁矿石、煤炭等原材料为资源紧缺性材料，鞍山钢铁股份有限公司基本采用现款（含票据）现货或预付款方式结算，占到总采购量的80%；对焦炭、废钢、生铁、合金及其他辅助材料的采购原则上采用当月供货，次月结算方式，主要为一批中小企业群体。

鞍山钢铁股份有限公司所需原材料（除进口矿石）的采购由鞍山钢铁股份有限公司炉料供销公司完成，月采购量约20亿元。经测算，排除通过鞍山钢铁股份有限公司集团成员关联采购（约占总采购量的33%）、现款现货和预付款采购（约占除关联采购以外总量的60%），部分供应商产生的月应收账款在5亿~6亿元，随着鞍山钢铁股份有限公司产能的进一步释放，应收账款额度将会逐步增加，这将要求供应商加快资金周转，对融资需求将会进一步增强。

2. 银行解决方案。

采用银行、鞍山钢铁股份有限公司炉料供销公司和供应商签订《应收账款融资业务三方合作协议》，采用应付账款确认书和《应收账款专用账户监管协议》方式控制风险，向鞍山钢铁股份有限公司供应商提供应收账款项下的融资服务方案。具体方案如下：

（1）开办应收账款融资业务的鞍山钢铁股份有限公司炉料公司供应商的准入条件。

①经银行信用等级评定结果在 BBB 级（含）以上企业。

②销售收入不低于 1 000 万元，资产负债率不超过 80%，经营活动现金流量为正值。

（2）单户额度控制：根据借款人最近 3 个月（或 6 个月）对鞍山钢铁股份有限公司炉料公司平均应收账款（不含超过 6 个月账龄的应收账款），按 70% 核定该借款人在银行办理应收账款融资最高授信额度。

（3）融资敞口采用与实际应收账款存量对应控制，即供应商融资额减去专用账户余额和保证金账户余额始终控制在鞍山钢铁股份有限公司炉料公司确认的 70% 应收账款内；对归还授信或填补保证金而释放的风险敞口在重新确认的额度内循环使用；同时授信额度可按鞍山钢铁股份有限公司炉料公司确定的应收账款进行调整。

（4）借款人同意银行对其开立的专用账户进行监管。借款人的应收账款回笼到专用账户后，若借款合同未到期，借款人使用账户资金，银行需向鞍山钢铁股份有限公司炉料公司发送应付账款确认书，实时确定借款人对鞍山钢铁股份有限公司炉料公司应收账款即期余额。银行按借款人应收账款确认余额按 70% 打折后，与应收账款回笼专用账户的现金之和大于借款余额的差额，作为借款人可使用的资金额度，经经办支行审批后可以使用，账户余下资金，用于归还到期贷款。

（5）借款人的应收账款回笼款为银行承兑汇票的，必须采用贴现方式将资金转入专用账户，或质押对应的借款。

（6）对鞍山钢铁股份有限公司供应商应收账款融资项下的应收账款须进行人民银行登记系统的质押登记。

（7）对鞍山钢铁股份有限公司供应商的应收账款融资贷后管理，由银行授信评审部指定专人、建立台账进行管理，确保总额控制。

（8）对鞍山钢铁股份有限公司炉料公司供应商总授信合作额度暂定为5亿元。

（9）授信品种可为贷款和银票方式。额度使用为贷款的，期限不超过一年，利率原则上要求基准利率上浮；若额度使用为银票的，期限不超过六个月，保证金比例不低于30%。

【样本一】　鞍山钢铁股份有限公司供应商应收账款融资业务流程

一、对开办应收账款融资业务的鞍山钢铁股份有限公司供应商进行准入，标准为：

1. 经银行信用等级评定结果在BBB级（含）以上企业。

2. 销售收入不低于1 000万元，资产负债率不超过80%，经营活动现金流量为正值。

↓

二、对符合准入条件的供应商可与银行和鞍山钢铁股份有限公司炉料供销公司签订三方协议；同时按照银行信贷业务调查管理办法，信贷经理对供应商进行贷前调查（重点调查在鞍山钢铁股份有限公司炉料公司的供货能力、合同履约能力、应收账款结算往来情况），并确定授信额度（不超过借款人最近3个月平均应收账款的70%），授信品种（贷款、银票）、期限（贷款期限不超过一年）、贷款利率或银票保证金比例（贷款利率原则上基准利率上浮，银票保证金比例不低于30%）。

↓

三、进入银行规划内的供应商需在银行开立“应收账款回笼”专用账户，由借款人鞍山钢铁股份有限公司炉料公司出具应付账款确认书，并据此核定应收账款融资授信额度，报授信评审部。

↓

四、单户 5 000 万元以内（含 5 000 万元）的授信，经银行授权后银行予以授信审批，超权限的报银行进行授信审批。

↓

五、经办行根据应付账款确认书确定本次实际融资额度（金额须在授信审批额度内，同时不超过应付账款确认书上应付账款的 70%）；同借款人签订《借款合同》或《银行承兑协议书》，并在借款合同中约定还款来源为借款人在鞍山钢铁股份有限公司炉料公司及将来可能产生的应收账款回笼款及其他合法收入；签订《质押合同》，并将应付账款确认书作为权利质押的；对借款人质押的应收账款进行人民银行登记系统的应收账款质押登记；以上合同文件及相关手续完成后出账。

↓

六、对借款人应收账款融资贷后管理，由银行授信评审部指定专人、建立台账进行动态管理，确保总额控制。

↓

七、借款人应收账款回笼款应转入专用账户（或保证金账户），若借款合同未到期，借款人使用专用账户资金，银行根据鞍山钢铁股份有限公司炉料公司签章的应付账款确认书，实时确定借款人对鞍山钢铁股份有限公司炉料公司应收账款的当前余额。银行按借款人应收账款当前余额按 70% 打折后，与应收账款回笼专用账户的现金之和减去借款余额的差额，可作为借款人使用的资金额度，经办行审批后可以使用，账户余下资金，用于保证归还到期贷款。借款人的应收账款回笼款为银行承兑汇票的，必须采用贴现方式将资金转入专用账户（或保证金账户），或质押对应的借款。

↓

八、额度控制。借款人授信额度采用对应的应收账款存量控制，即供应商授信额度减去专用账户余额和保证金账户余额始终控制在鞍山钢铁股份有限公司炉料公司确认的70%应收账款内；对归还授信或填补保证金而释放的风险敞口在重新确认的额度内循环使用；同时授信额度可按鞍山钢铁股份有限公司炉料公司确定的应收账款进行调整。

【样本二】

应收账款融资业务三方合作协议

编号：________

甲方：____________________

乙方：鞍山钢铁股份有限公司炉料供销公司

丙方：________________银行

为拓宽鞍山钢铁股份有限公司供应商融资渠道，促进鞍山钢铁股份有限公司业务发展，择优扶持银行优质客户，甲、乙、丙三方经协商一致，就以下内容达成一致：

一、因甲方经营或临时性资金需要，可向丙方融资，该融资业务是以甲方向乙方提供的商品（劳务）所形成的应收账款为基础，以甲乙双方签章的应收账款确认书确认的内容为依据，并提供授信所需的相关基础资料，丙方在收妥全套资料后，审核甲方的资信和还款能力等，在____________个工作日内明确审核意见并告知甲方和乙方。

二、为了确保丙方权益，乙方同意自甲方从丙方取得融资开始，向甲方支付货款时，将资金直接转入甲方在丙方开立的应收账款专用账户（账号：______________、开户行：______________）或保证金账户（账号：______________、开户行：____________）上，专项用于归还甲方所欠丙方贷款本息和兑付到期的银行承兑汇票。甲方要求乙方变更支付货款账户、账号须征得丙方书面同意，乙方在收到丙方的书面通知后方可变更。

三、甲方同意丙方对其开立的应收账款专用账户进行监管，并签订《应收账款专用账户监管协议》。

四、乙方根据自身资金结算安排，可以选择两种付款方式，一是银行转账方式，将货款转入本《应收账款三方合作协议》约定的开户行及账号。二是银行承兑汇票付款方式，领取前乙方须通知丙方，由丙方指定专人和甲方人员一道领取，甲方同意将收到的银行承兑汇票办理贴现或质押对应的借款合同（或银行承兑协议），贴现资金转入应收账款专用账户（账号：____________）或保证金账户（账号：____________）。

五、乙方根据自身资金使用情况，适当延长与甲方签订商品（劳务）采购合同的结算期限（最长不超过6个月）或提高银行承兑汇票支付比例，丙方予以支持。

六、应收账款确认书由甲方出具，乙方予以签章确认，丙方根据应收账款确认书向甲方提供相应的应收账款融资。甲方如需临时性出具应收账款确认书，乙方予以支持。

七、乙方以银行承兑汇票向甲方付款时，由甲丙双方指派专人在鞍山钢铁股份有限公司炉料供销公司指定部门办理交接手续。丙方指派的专人姓名为：____，身份证号码为：____________，联系电话：____________（若人员变更，以丙方书面通知为准）。

八、本协议生效后，甲、乙、丙三方当事人均应履行本协议所约定的义务，任何一方不履行或不完全履行本协议所约定的义务，应当依法承担违约责任。

九、本协议有效期一年。甲、乙、丙三方任何一方不得擅自变更或提前解除本协议，如需变更或解除协议时，应经三方协商一致，并达成书面协议后，方可成立。本协议到期后，甲、乙、丙三方协商一致后可以续签或重新签订。

本协议一式三份，三方各执一份，具有同等法律效力。本协议各方签订后即生效。

下列文件是协议不可分割的组成部分：

一、应付账款确认书

二、应收账款专用账户监管协议

甲方（公章）：	乙方（公章）：	丙方（公章）：
法定代表人：________	法定代表人 ：________	法定代表人：________
（或授权代表）：	（或授权代表）：	（或授权代表）：
____年____月____日	____年____月____日	____年____月____日

【样本三】

应付账款确认书

编号：________

鞍山钢铁股份有限公司炉料供销公司：

公司为贵公司提供商品，截至____年____月____日，尚有6个月以内________万元款项未进行结算。现公司向银行____________支行借款________万元（办理银行承兑汇票________万元），特恳请贵公司按《应收账款三方合作协议》约定，将要支付公司的货款________万元直接转入公司在银行____________支行开立的账户（账号：____________）上，用于归还所欠银行____________支行贷款本息。盼准为感。

公司（签章）

____年____月____日

________银行________支行：

以上内容已知，截至____年____月____日________________（公司）确有6个月以内________万元货款（工程款）尚未进行结算。公司将按《应收账款三方合作协议》约定，将上述货款________万元直接转入________公司在银行____________支行开立的账户（账号：____________）上，若公司以银行承兑汇票支付上述款项，领取前将通知银行________支行，由银行________支行指定专人和____________公司人员一道领取。

鞍山钢铁股份有限公司炉料供销公司（签章）

____年____月____日

【样本四】

应收账款专用账户监管协议

甲方（银行）：

乙方（借款人）：

为确保《应收账款融资业务三方合作协议》落实，乙方在甲方开立针对鞍山钢铁股份有限公司炉料供销公司货款结算的应收账款专用账户，用于归还在甲方的融资，并同意由甲方对该账户进行监管，监管内容为：

1. 该账户所进款项仅为鞍山钢铁股份有限公司炉料供销公司支付给乙方的货款；

2. 乙方承诺该账户款项只能用于归还在甲方的融资，归还方式可采用乙方主动归还或甲方代为扣划；

3. 乙方使用该账户资金，甲方根据鞍山钢铁股份有限公司炉料公司发送应付账款确认书，实时确定乙方对鞍山钢铁股份有限公司炉料公司应收账款的当前余额，按照乙方应收账款当前余额的 70% 打折后，与应收账款回笼专用账户的现金之和减去融资额的差额，作为乙方使用的资金额度，并经经办行审批后方可使用；

4. 本协议自签订之日起生效。

甲方（公章）： 乙方（公章）：

法定代表人（或授权代表）：______ 法定代表人（或授权代表）：______

____年____月____日 ____年____月____日

【样本五】

银行鞍山钢铁股份有限公司供应商应收账款融资业务台账

单位名称	日期	授信额度（万元）	授信起止日期	融资敞口（万元）	融资品种	利率（或保证金）（%）	期限	应收账款专用账户余额（万元）	保证金账户余额（万元）	融资敞口余额（万元）

（四）鞍山钢铁股份有限公司下游经销商金融方案

1. 鞍山钢铁股份有限公司销售特点。

鞍山钢铁股份有限公司销售主要通过鞍山钢铁股份有限公司销售公司的下游经销商代理实现，鞍山钢铁股份有限公司下游经销商有200多家，其中本地有35家，分别按区域和产品品种设置，每月销售额在50亿元左右，货款主要有银票和现金，两种付款方式各占一半。在激烈的市场竞争中，鞍山钢铁股份有限公司一直保持着全年产销率和资金回笼率两个百分之百的佳绩。其主要得益于鞍山钢铁股份有限公司销售公司的销售策略，简而言之就是预付款优惠、全年返点和配额制度。

（1）预付货款优惠。

鞍山钢铁股份有限公司销售公司与其下游经销商签订年度购货合同时，要求其确定全年货款到账优惠标准，并明确每月货款到账时间的违约责任。

（2）全年销售返点。

鞍山钢铁股份有限公司销售公司与其下游经销商签订年度购货合同时，对其下游经销商全年采购量实行返点制度，并以合同采购量兑现为依据，分等级返点，既保证了公司产品销路，又保护了经销商的积极性。

（3）产品配额制度。

鞍山钢铁股份有限公司销售公司与其下游经销商签订年度购货合同时，根据其上年合作及合同兑现情况对次年供应产品的种类和数量作出限制，以保证购销双方的共赢。

2. 银行解决方案。

为加强对鞍山钢铁股份有限公司下游客户的综合服务，规范操作流程，银行确定由新银支行为主办行，其他支行为协办行的服务模式。

（1）预付账款融资业务。

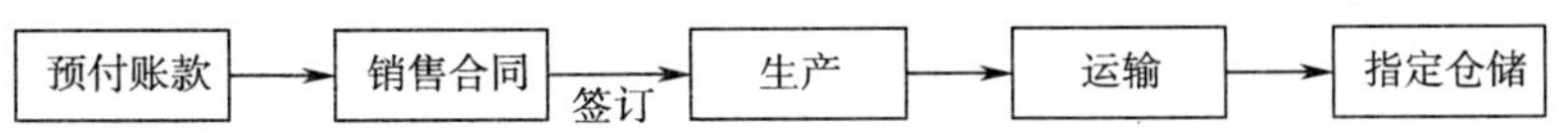

图7－1　经销商预付账款融资采购业务流程图

①针对企业预付账款环节产生的风险控制措施：

——融资业务发生前需严格执行尽职调查，对经销商资质、信用状况、年度经销合同规模总量及月基本资源量、履约情况、与鞍山钢铁股份有限公司债权债务关系、融资用途是否为预付款购货等作出详尽调查，并形成调查

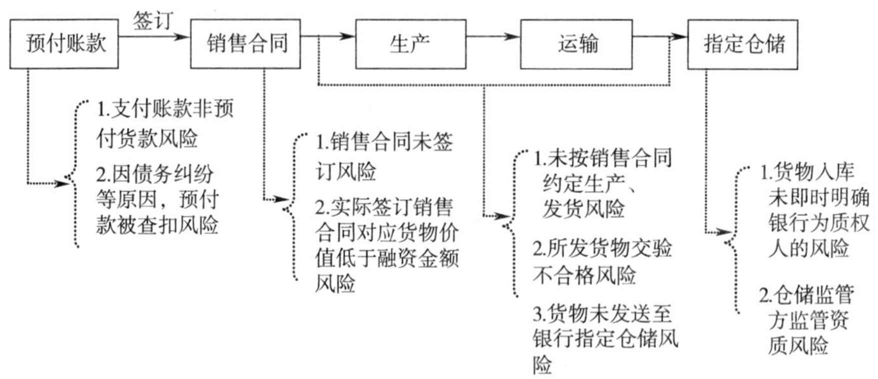

图7－2　经销商预付账款采购风险示意图

报告。

——下游经销商以贷款方式融资，资金须在银行办理转账转入鞍山钢铁股份有限公司指定账户，同时转账支票需明确记载款项用途为预付货款。

——下游经销商以银票方式融资，出具银票时保证金比例不得低于30%，同时收款人必须为鞍山钢铁股份有限公司，且银票开具后需银行双人送达鞍山钢铁股份有限公司。

——针对因债务纠纷等原因，预付款被查扣风险，由人民银行应收账款质押登记系统登记公示，明确银行债权，以对抗第三方。

②针对签订销售合同环节产生的风险控制措施：

——针对销售合同未签订风险，由人民银行应收账款质押登记系统登记公示，明确银行对该笔预付账款债权；

——实际签订销售合同对应货物价值低于融资金额风险，融资金额控制在经销商月基本资源量对应货值70%（含）以内（鞍山钢铁股份有限公司未依照年度经销合同签订月销售概率10%，价格浮动比率30%）。融资期限控制在60天（含）以内（经销商正常完成一次周转所需时间为45～60天）。

③针对生产、运输环节产生的风险控制措施：

——由经销商投保，出口信用保险公司出具针对该笔业务的预付款信用保险保单，保险受益人为银行，其承保范围为：鞍山钢铁股份有限公司未按销售合同约定生产、发货；鞍山钢铁股份有限公司所发货物交验不合格；鞍山钢铁股份有限公司所发货物未发送至银行指定仓储等。

④针对货物到达指定仓储环节产生的风险控制措施：

——如货物到达指定仓储前，借款人（经销商）已经归还银行融资款项，银行不再占有该批货物质权；

——针对货物到达指定仓储并交验合格，借款人（经销商）未归还银行融资款项，银行未及时明确质权风险，银行应于货物发出后即与借款人（经销商）签订《质押合同》，与借款人（经销商）、仓储监管方签订《动产质押监管合作协议》，明确银行为该批货物质权人，未经银行书面许可，监管人不得为除银行之外的任何组织和个人办理提货或换货；

——评审部门对合作仓储企业资质予以评审，确定银行仓储合作企业群。

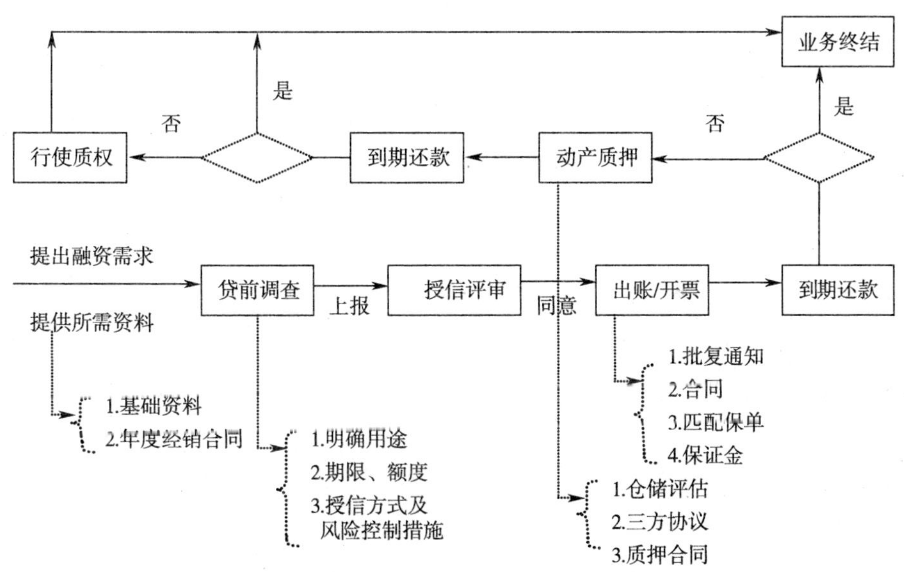

图7－3　银行针对预付账款采购环节产生的风险控制措施示意图

（2）动产质押监管融资业务。

①针对监管方选择环节的风险控制措施：

——授信评审参照一般法人客户授信管理办法，严把准入关，同时确定同一监管企业累计最大监管货值额度。

——已在银行获得合作额度的监管企业，操作具体业务时，如非货物存入仓储或场地法人，须提供与货物存入仓储或场地法人签订的租赁协议或合作协议，该协议必须明确未经监管企业同意仓储（或场地）方不得增加、减

到期还款
是
业务终结
否
行使质权
是
否
追加质物或保证金
是否足值
提货/换货
出账/开票
同意
提出融资需求
提供所需资料
确定监管方
贷前调查
授信评审
监管合作协议

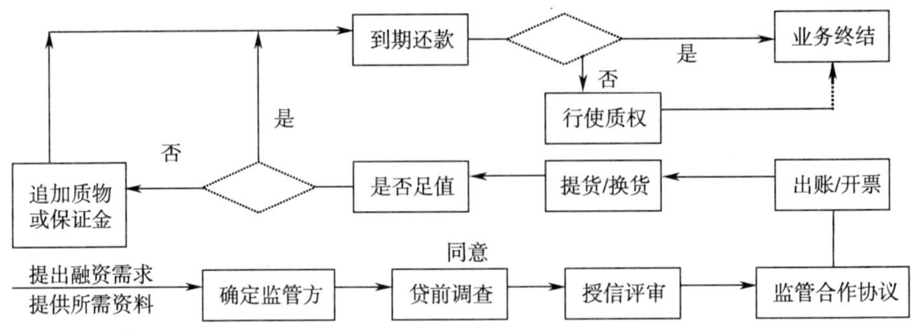

图7－4　动产质押监管融资业务示意图

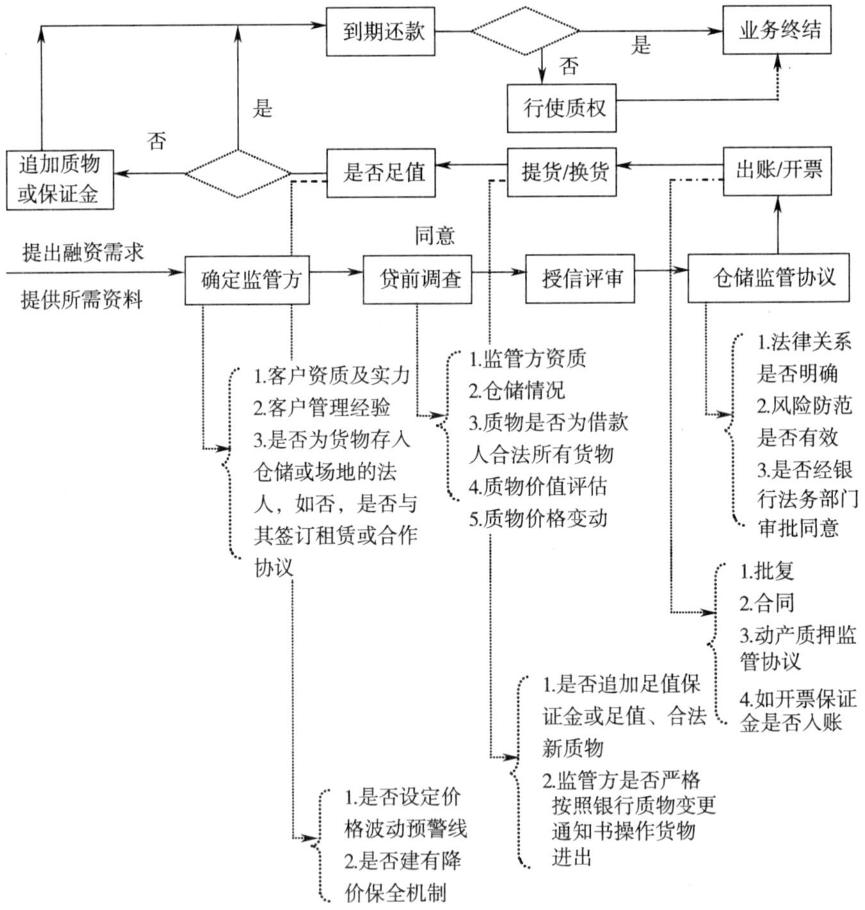

到期还款
是
业务终结
否
行使质权
是
否
追加质物或保证金
是否足值
提货/换货
出账/开票
同意
提出融资需求
提供所需资料
确定监管方
贷前调查
授信评审
仓储监管协议
1.法律关系是否明确
2.风险防范是否有效
3.是否经银行法务部门审批同意
1.客户资质及实力
2.客户管理经验
3.是否为货物存入仓储或场地的法人，如否，是否与其签订租赁或合作协议
1.监管方资质
2.仓储情况
3.质物是否为借款人合法所有货物
4.质物价值评估
5.质物价格变动
1.批复
2.合同
3.动产质押监管协议
4.如开票保证金是否入账
1.是否追加足值保证金或足值、合法新质物
2.监管方是否严格按照银行质物变更通知书操作货物进出
1.是否设定价格波动预警线
2.是否建有降价保全机制

图7－5　银行对动产质押监管融资业务风险控制措施示意图

少、置换监管企业监管的货物。

②贷前调查环节的风险控制措施：

——已在银行获得合作额度的监管企业，确定其剩余监管货值额度是否与将要操作业务匹配。

——对未在银行获得合作额度的监管企业的尽职调查。

——对货物存入仓储或场地方的尽职调查。

——出质人对质押物合法所有权的尽职调查，要求出质人提供足以证明质物所有权及数量、质量（品质）的资料（包括但不限于购销合同、增值税发票、报关单、货运单、质量合格证书、商检证明等）。

——借助鞍山钢铁股份有限公司信息平台对质押物作价评估，及价格波动预计分析，质押率控制在70%以内（2000—2007年钢材一个月内价格最大波动从未超过10%，年均未超过3%）。

③提货、换货，质物足值控制环节的风险控制措施：

《动产质押监管合作协议》，并在《动产质押监管合作协议》中明确质押货物的移交、监管、提货、换货、价格波动、相关费用等全面控制措施及合作三方责、权、利，明确三方法律关系。

（3）未来货权融资业务。

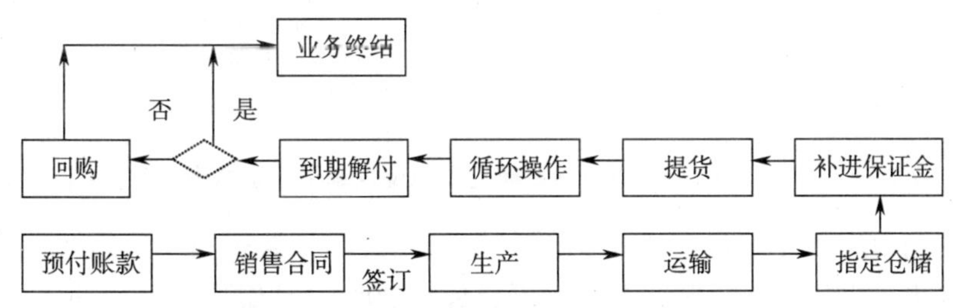

图7－6　未来货权融资业务流程示意图

①针对企业预付账款环节产生的风险控制措施：

——融资业务发生前需严格执行尽职调查，对经销商资质、信用状况、年度经销合同规模总量及月基本资源量、履约情况、与鞍山钢铁股份有限公司债权债务关系、融资用途是否为预付款购货等作出详尽调查，并形成调查报告；

——银行与鞍山钢铁股份有限公司及经销商签订《银、企、商（企）合作协议》，锁定经销商以银票方式融资，且指定鞍山钢铁股份有限公司为收款

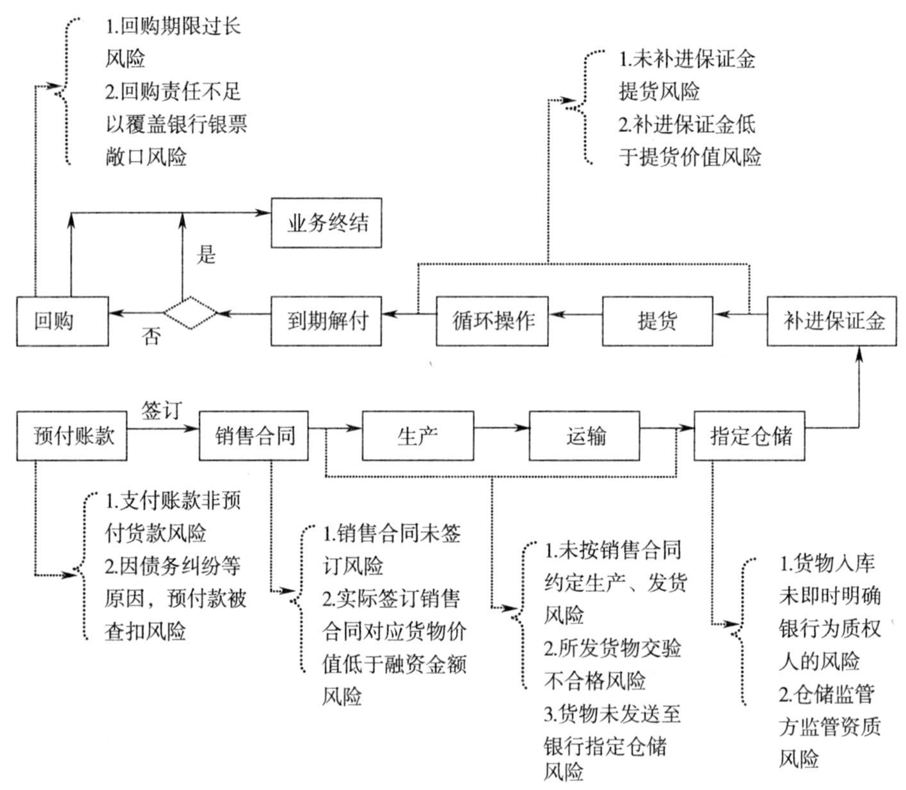

图 7－7　未来货权融资业务风险控制措施示意图

人并约定用途。经销商向鞍山钢铁股份有限公司订购钢材，实行封闭运作，专款专用。出具银票时保证金比例不得低于 30%，且银票开具后须银行双人送达鞍山钢铁股份有限公司。

②针对签订销售合同环节产生的风险控制措施：

——针对销售合同未签订风险，由《银、企、商（企）合作协议》约定鞍山钢铁股份有限公司承诺：自银行承兑汇票出票日起，鞍山钢铁股份有限公司将于 20 个工作日内出具《销售合同》，且合同明示项下货物已经质押给银行；

——针对实际签订销售合同对应货物价值低于银票金额风险，由《银、企、商（企）合作协议》约定鞍山钢铁股份有限公司承诺：其根据《销售合同》约定的数量、规格发货，且发货金额应等于银行出具银票金额。

③针对生产、运输环节产生的风险控制措施：

——针对鞍山钢铁股份有限公司未按销售合同约定生产、发货，或发货不足值风险或入库交验不合格风险，由《银、企、商（企）合作协议》约定鞍山钢铁股份有限公司承诺：由于鞍山钢铁股份有限公司的原因，银行未能在指定地点收到鞍山钢铁股份有限公司应按《销售合同》所发全部或部分相应该笔银行承兑汇票价值货物，鞍山钢铁股份有限公司应将相当于未发钢材价值的款项直接退还银行，或划入银行指定账户；

——针对鞍山钢铁股份有限公司所发货物未发送至银行指定仓储风险，由《银、企、商（企）合作协议》约定：第一，鞍山钢铁股份有限公司、经销商均同意鞍山钢铁股份有限公司在发货后由经销商将《销售合同》项下所有单据提交银行，且采用铁路运输方式、水运送货运输方式、公路送货运输方式的《销售合同》项下货物，鞍山钢铁股份有限公司应在每批货物发运后分别将该《销售合同》项下所发送货物的铁路货运单、水路货运单、公路货运单（铁路货运单、水路货运单、公路货运单必须明示收货人为：________银行________支行代________公司收货）交付指定收货地点；第二，三方必须约定甲、乙双方签订的《销售合同》中收货单位、到货地点具有唯一性，未经丙方同意，其他两方不得办理收货单位、到货地点的变更与注销。

④针对货物到达指定仓储环节产生的风险控制措施：

——如货物到达指定仓储前，借款人（经销商）已经全额补足对应银票保证金，银行不再占有该批货物质权；

——针对货物到达指定仓储并交验合格，借款人（经销商）补足对应银票保证金，银行未及时明确质权风险，由《银、企、商（企）合作协议》约定：银行应于货物发出后即与借款人（经销商）签订《质押合同》，与借款人（经销商）、仓储监管方签订三方协议（即《动产质押监管合作协议》），明确银行为该批货物质权人，货物到达指定地点后，实行封闭保管，未经银行书面许可，监管人不得为除银行之外的任何组织和个人办理提货；

——评审部门对合作仓储企业资质予以评审，确定银行仓储合作企业群。

⑤针对补进保证金提货循环操作环节产生的风险控制措施：

——针对未补进保证金提货风险，由《银、企、商（企）合作协议》约定：银行与借款人（经销商）、仓储监管方签订三方协议（即《动产质押监管合作协议》)，明确银行为该批货物质权人，货物到达指定地点后，实行封闭保管，未经银行书面许可，监管人不得为除银行之外的任何组织和个人办理提货。银行凭经销商保证金进账单出具提货手续。

——针对补进保证金低于提货价值风险，由《银、企、商（企）合作协议》约定：根据经销商补进保证金金额银行通知仓储监管方允许经销商提出同等金额的货物，且经销商承诺其首次存入的开票保证金项下货物待补足全额保证金后方可提取。

⑥针对鞍山钢铁股份有限公司回购环节产生的风险控制措施：

——针对鞍山钢铁股份有限公司回购期限过长风险，由《银、企、商（企）合作协议》约定：鞍山钢铁股份有限公司自收到银行回购通知经审核无误后10个工作日内将对应款项足额汇至银行指定账户；

——针对鞍山钢铁股份有限公司回购责任不足以覆盖银行银票敞口风险，由《银、企、商（企）合作协议》约定：第一，鞍山钢铁股份有限公司收到银行回购通知经审核无误后，应当以《销售合同》约定的价格的70%承担回购。第二，银行收到鞍山钢铁股份有限公司回购款后将相应货物所有权移交给鞍山钢铁股份有限公司，由此引发的一系列装卸、仓储费用均由经销商承担，并且经销商自动放弃存在银行开票保证金（不低于30%）的回收权利。

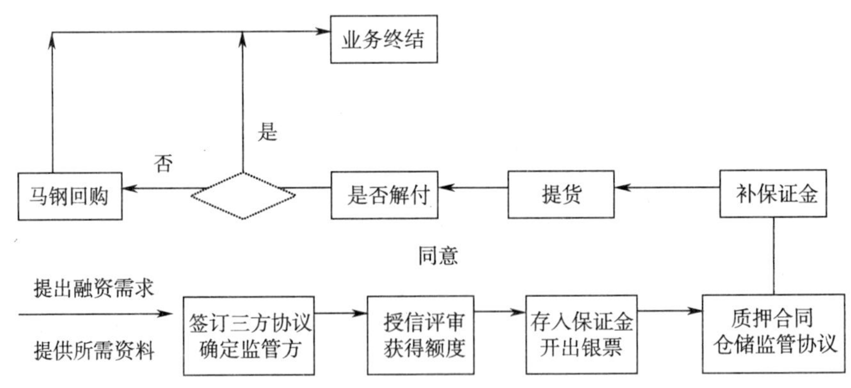

图7-8 业务操作流程

【样本六】

动产质押监管合作协议

编号：________

甲方（质权人）：____________

住所：______________

负责人：____________　　　　职务：____________

联系人：____________　　　　电话：____________

乙方（出质人、借款人）：____________

住所：__________________

法定代表人：____________　　　　职务：____________

联系人：________________　　　　电话：____________

丙方（监管人）：____________

住所：_____________________

法定代表人/负责人：________　　　　职务：____________

联系人：____________________　　　　电话：____________

为保障甲方与乙方签订的____第____号《____合同》及其项下第____号具体授信业务合同、________第________号质押担保合同（以下统称为授信协议）的履行，经甲、乙、丙三方平等协商，依法订立本合同。

一、法律关系

在监管期间，甲方为质权人，乙方为出质人，丙方为甲方的代理人，代理甲方占有、监管质物。

二、质物

1. 乙方提供为甲方所认可的质物，作为甲方所提供授信的质押担保，由丙方按照本合同代理甲方进行占有，履行监管责任。

2. 质物为乙方合法所有的货物，乙方应当提供足以证明质物所有权及数量、质量（品质）的资料（包括但不限于购销合同、增值税发票、报关单、货运单、质量合格证书、商检证明等），并对所提供资料的真实性、有效性负责。因质物所有权的瑕疵给甲方造成损失的，乙方应当承担赔偿责任；因质物质量隐蔽瑕疵给甲方和丙方造成损害的，乙方应当承担赔偿责任。

3. 乙方应保证所提供质物，不存在任何法律上的瑕疵，包括但不限于无税务、海关、工商、商检以及环保等方面。若质物出现上述瑕疵，甲方有权立即停止乙方授信额度的使用，并要求乙方以及担保人立即偿还已使用的授信额度。

4. 质物以质物清单列明的为准，如质物清单中对质物的约定不明，或者约定的质物与实际交付的质物不一致的，以实际交付丙方占有的为准。

5. 如乙方需要增加、减少或置换质物，须由甲方签发质物变更通知书（附确认回执），该通知书自送达丙方并经丙方确认之日起，自动成为授信协议及本合同项下的，构成对质物清单中所记载的质物的变更，无须相关当事人另行签署补充协议。

6. 对质物的占有、监管，不影响、不抵消或不妨碍甲方依据授信协议而享有的债权人的全部权利与地位。本合同项下乙方义务的履行和责任的承担，并不意味着当然地豁免、降低、减少、抵消乙方在授信协议项下的义务，乙方所提供的其他担保责任和乙方的保证担保人的义务和责任。

三、出质通知与印鉴式样

1. 质物设立质押时，甲方、乙方向丙方发出查询及出质通知书（附确认回执），将质物及设立质押的事实通知丙方，丙方验收货物无误后予以确认。

2. 甲、乙、丙三方互留印鉴及签名。

四、移交和监管

1. 自查询及出质通知书（附确认回执）到达丙方并经丙方确认之日起，质物移交至甲方，由丙方代理甲方占有质物，并按照本协议的规定履行监管责任。

2. 丙方同意在________________仓库或场地为甲方进行监管。

3. 在监管期间，丙方承担如下监管义务与责任：

（1）按照《合同法》和保管合同妥善、谨慎处理质物，在质物出现变质或其他损坏的情况时，及时通知甲方。

（2）接受甲方对质物的勘验、检查、查询。

（3）按照甲方的书面指示和本合同的约定给予乙方提货或换货，办理甲方对质物的提货。

（4）审核质物的品名、规格、数量、外包装状况。

（5）甲方可要求丙方将库存质物的电子数据传送给甲方，丙方可自行做好数据备份，在监管人员变动时及时通知甲方。

（6）丙方应当建立完善的出入库台账登记制度。

（7）依照本合同的约定、合同法或行业惯例应当承担的其他义务与责任。

4. 丙方违反上述约定造成质物短损灭失、甲方质权落空导致甲方发生实际损失的，承担实际损失部分的赔偿责任。

5. 占有、监管存续期间，从质物由丙方代理甲方占有、监管时开始，至甲方通知丙方全部质物解除质押时终止，甲方以解除质押监管通知书的形式通知丙方。

五、提货规定

1. 乙方向甲方补充或追加一定数额保证金后，可以向甲方提取部分或全部质物。乙方凭甲方签发的质物变更通知书（附确认回执），向丙方办理提货。

2. 经甲方同意，乙方可凭甲方签发的质物变更通知书（附确认回执）向丙方交付新的质物，置换提取既有质物。

3. 没有甲方签发的质物变更通知书（附确认回执），乙方不得提货，丙方不得给予乙方提货，否则构成乙方在授信协议和本协议项下的违约行为，甲方有权采取包括但不限于宣布授信提前到期、停止乙方使用授信、要求乙方偿还授信、支付违约金、资产保全、仲裁或者诉讼等措施。

4. 丙方在收到甲方的质物变更通知书（附确认回执）后，应核对有关印鉴、签字、传真机号码，并与甲方指定人员进行电话核实。核实无误后，准予办理乙方的提货。

5. 丙方按照甲方质物变更通知书（附确认回执）在质物入库和出库后签发回执，并送达甲方。

六、价格规定

1. 质物单价按照甲方、乙方送达丙方的查询及出质通知书（附确认回执）列明的价格确定。

2. 当质物的现时市场价格与质押生效时确定的质押物价格相比较涨跌幅度大于____%时，甲方有权对质物的单价予以调整。乙方应在接到甲方通知书之日起____日内按照市价跌幅的比率追加保证金或追加质物；逾期未补或未补足的，视为乙方在整个授信额度项下的违约，甲方有权行使不按抗辩权、宣布授信额度提前到期，并要求提前偿还已使用额度。

七、费用及支付方式

1. 甲、乙、丙三方一致同意本协议项下对质物的监管费、仓储费、运杂费、装卸费、检验费、印花税等因质物仓储保管和监管产生的相关费用由乙方承担。费用标准、支付时间和支付方式见费用约定书。

2. 乙方如未按照本协议约定支付上条款所列相关费用，丙方应书面通知乙方付款，如乙方未在收到通知之日起七日内付清所欠款项，丙方应书面通知甲方，甲方可代乙方支付经核实欠缴的相关费用。如果甲方未在收到通知之日起七日内代乙方支付或明确表示拒绝代为支付，丙方有权变卖与欠缴的相关费用等值的质物，变卖所得价款用于抵付欠缴的相关费用。若有余款，应按甲方的指示将其存入乙方在甲方营业处开立的保证金账户，不得将其支付给乙方或任何其他人。丙方处置质物的情况应当及时书面通报甲方和乙方。

八、其他约定

1. 占有监管期间，甲方有权要求乙方办理质物的保险，保险费用由乙方负担；保险的被保险人为甲方，保险单和保险合同由甲方保管；投保的险种为企业财产基本险和甲方认为必要的其他险别，投保的价值不低于质物的价值，保险期限不得低于授信到期后三个月，并在偿清授信协议项下的债务前连续办理保险；发生保险事故时，乙方、丙方应当及时通知甲方；保险赔偿金直接用于偿还授信本息费用。

2. 甲方对乙方、丙方在本合同或授信协议项下的任何违约或延误行为施以宽容、宽限或延缓执行甲方享有的权利，均不能损害、影响或限制甲方依本合同、授信协议和有关法律规定应享有一切权益、权利，不能作为甲方对任何破坏本合同行为的许可或认可，也不能视为甲方放弃对现有或将来违约行为采取行动的权利。

3. 本合同项下的一切争议、纠纷，按照下列第____项方式解决：

（1）向甲方住所地有管辖权的人民法院提起诉讼；

（2）由____仲裁委员会仲裁。

4. 其他

九、声明与保证

1. 三方为具有完全民事权利能力和民事行为能力的民事法律主体。

2. 三方签署本合同是自愿的，是各自的真实意思表示。乙方、丙方已悉知本合同的全部内容和条款，并清楚地认识到签署和履行本合同的法律后果，甲方已采取合理方式提请注意本合同的全部条款和内容。

3. 乙方保证质物为乙方合法所有的财产，在订立本合同前或订立本合同后不被抵押、质押、租赁给其他人，也不存在其他影响或妨碍甲方质权的其他情况。

4. 三方诚实信用地履行本合同，并为他方行使本合同权利提供必要、充分的协助与配合。

5. 乙方、丙方不得以其双方之间的任何约定或其内部权限的限制来对抗本合同项下义务的履行或者对本合同的效力提出异议。

十、违约责任

1. 一方违反合同的约定，应当向守约方支付违约金或损害赔偿金。迟延履行给付义务的，应当按照未给付金额的每日万分之二点一向守约方支付滞纳金。违反其他合同义务给守约方造成损失的，应当赔偿对方所遭受的包括但不限于本金、利息、可以预见的可得利益（商业利润）的损失。

2. 乙方违反授信协议或者本合同，甲方有权宣布全部授信额度提前到期，停止乙方使用授信额度或削减授信额度，并有权采取相应的救济或补救措施，要求乙方及其担保人提前偿还已使用授信额度。

3. 乙方串通丙方损害甲方利益的，对授信协议项下的债务本息、费用承担赔偿责任。

4. 乙方串通甲方损害丙方利益的，丙方将终止监管服务，不再承担任何监管责任，并由乙方和甲方对丙方的相关损失承担相应的赔偿责任。

5. 甲方串通丙方损害乙方利益的，由丙方和甲方对乙方的相关损失承担相应的赔偿责任。

十一、不可抗力

本合同的任何一方因不可抗力而未能完全适当地履行其义务时，应在不可抗力发生后五个工作日内向另外两方书面通知有关情况，并于不可抗力发生后十五个工作日内向另外两方提供当地公证部门或有权国家机关出具的证明文件。任何一方在遭受不可抗力后未能按本协议履行其义务的，无须承担责任。

十二、协议生效

1. 本合同于三方当事人签章后生效，至甲方通知丙方全部质物解除质押时终止。

2. 本合同中手写文字与印刷文字具有同等的法律效力。

3. 本合同一式三份，每方各执一份，每份均具有同等的法律效力。

4. 下列文件作为本合同的不可分割的组成部分：

（1）质物清单。

（2）质物变更通知书（附确认回执）。

（3）查询及出质通知书（附确认回执）。

（4）印鉴式样。

（5）解除质押监管通知书。

（6）费用约定书。

甲方：____________

负责人或授权人：____________

乙方：____________

法定代表人或授权人：____________

丙方：____________

法定代表人或授权人：____________

____年____月____日签订于________省________市

1. 质物清单

编号：________

________________银行：

出质人将下表货物质押给贵行，并对质物的真实性、合法性负责。该质物已经交付给贵行指定的监管方占有、保管、监管，存入监管方指定的仓库/场地，作为编号为____字第____号具体授信业务合同项下债务的质押担保，本质物清单为编号为____字第____号《质押担保合同》不可分割的。

出质人保证按照____字第____号《动产质押监管合作协议》的约定办理提货手续。

质物出库明细

名称	规格	重量	数量	生产厂家	凭证号	单价

出质人：____（预留印鉴）　　　　监管方：____（预留印鉴）

____年____月____日　　　　____年____月____日

2. 质物变更通知书（附确认回执）

编号：________

________________（监管方）：

按照银行、贵公司以及____________（出质人）三方签订的____字第____号的《动产质押监管合作协议》，现____________（出质人）对质物进行变更，银行已审核同意。请贵公司根据下列入库清单为其办理货物入库验收手续，并对下列出库清单所列质物解除质押，予以放行。

货物入库质押清单

名称	规格	重量	数量	生产厂家	凭证号	单价

质物出库清单

名称	规格	重量	数量	生产厂家	凭证号	单价

质权人：____（预留印鉴）银行　　　　　　　　____年____月____日

________________银行：

贵行签发的____号质物变更通知书已经收悉。根据____字第____号《动产质押监管合作协议》的约定，本公司已按照《质物变更通知书》的要求办理入库和出库手续。

质物入库明细

名称	规格	重量	数量	生产厂家	凭证号	单价

3. 查询及出质通知书（附确认回执）

编号：________

________________（监管方）：

鉴于____________公司（以下简称出质人）已将下列货物质押给质权人________，请贵公司核实下列货物是否处于贵公司的占有和监管之下，如确认无误，请贵公司严格按照____字第____号《动产质押监管合作协议》的规定履行监管责任。

名称	规格	重量	数量	生产厂家	凭证号	单价

质权人：____（预留印鉴）银行　　　　出质人：____（预留印鉴）

____年____月____日　　　　____年____月____日

____________银行：

公司业已收到编号为____________的查询及出质通知书，现确认：公司已收到出质人交付的上述货物，并已知晓出质人存放于公司的上述货物已被出质人质押给贵行。本公司将严格按照编号为____字第____号《动产质押监管合作协议》的规定履行占有、监管责任。

监管方：____（预留印鉴）

____年____月____日

4. 印鉴式样

甲方、乙方和丙方签发本协议所列的印鉴式样及相关约定如下：

甲方指定其工作人员________（办公电话为：____________、移动电话为________、传真电话为____________）为本协议项下相关事务的联系人，其签名式样及甲方的印鉴式样为：

乙方指定其工作人员________（办公电话为：____________、移动电话为________、传真电话为____________）为本协议项下相关事务的联系人，其签名式样及乙方的印鉴式样为：

丙方指定其工作人员________（办公电话为：____________、移动电话为________、传真电话为____________）为本协议项下相关事务的联系人，其签名式样及丙方的印鉴式样为：

5. 解除质押监管通知书

编号：________

________________（监管方）：

根据编号为____字第____号《动产质押监管合作协议》的约定，现通知贵方终止该协议，贵方的监管职责自接到本通知之日起解除。

质权人：____（预留印鉴）

____年____月____日

6. 费用约定书

根据编号为____字第____号《动产质押监管合作协议》的约定，甲、乙、丙三方一致同意由乙方（出质人）承担丙方（监管人）对本协议项下质物实施监管而发生的全部费用。

收费标准为：________________

支付时间为：________________

支付方式为：________________

乙方应按照约定按时全额支付丙方全部费用，否则丙方有权行使本协议下规定的权利。若乙方未能按照约定按时全额支付丙方费用，甲方（质权人）有义务督促乙方支付。

质权人：________________

____年____月____日

出质人：________________

____年____月____日

监管人：________________

____年____月____日

【样本七】

银、企、商（企）合同协议

编号：________

甲方：____________ 经销商：____________（以下简称甲方）

地址：____________

法定代表人：____________ 电话：____________

联系人：____________ 电话：____________ 传真：____________

邮编：____________ E－mail：____________

乙方：鞍山钢铁股份有限公司销售公司（以下简称乙方）

地址：____________

负责人：____________

联系人：____________

邮编：____________

丙方：____________银行

地址：____________

负责人：____________

联系人：____________ 电话：____________ 传真：____________

邮编：____________ E－mail：____________

为加强银、企、商合作，促进封闭运作方式下货权质押授信业务的顺利开展，甲、乙、丙三方本着友好协商、互惠互利的原则，根据《中华人民共和国合同法》和《担保法》等有关法律规定，就甲方以甲、乙双方签订的《鞍山钢铁股份有限公司产品销售合同》（以下简称《销售合同》）项下货物为质押，向丙方银行承兑汇票敞口额度人民币________事项达成以下合作协议。

第一条 根据甲、乙双方的产品购销关系和甲方的情况以及销售规模，甲方给予丙方一定额度一定期限的货权质押授信额度。

第二条 甲方根据购买钢材的月度计划量，在其授信额度内向丙方开具计划所需的银行承兑汇票（银行承兑汇票期限为____月）并向丙方交足该批银行承兑汇票总额____%的保证金，银行承兑汇票的收款人指定为乙方；该银行承兑汇票用于甲方向乙方订购钢材，实行封闭运作，专款专用。

第三条 乙方保证在丙方银行承兑汇票出票日后的20个工作日以内出具《鞍山钢铁股份有限公司产品销售合同》（该销售合同约定产品仅为：____________，同时必须明示合同项下货物已经质押给丙方），并在销售合同生效后40个工作日内按合同约定的数量、规格发清货物，且发货金额应等于银行承兑汇票总金额；如合同执行完毕后留有少量余额，则转入下笔业务。

甲、丙方另行签订《质押合同》，甲方同意将该《销售合同》项下货物质押给丙方，甲方为出质人，丙方为质权人；甲乙双方均同意乙方在发货后由甲方将该《销售合同》项下的所有相关单据提交给丙方。

第四条

1. 采用铁路运输方式、水路运送货方式、公路送货运输方式的《销售合同》项下货物，乙方应在每批货物发运后分别将该《销售合同》项下所发货物的铁路货运单、水路货运单、公路货运单（铁路货运单、水路货运单、公路货运单必须明示收货人为____________________）交付指定收货地点。

2. 同时甲、丙方与丙方指定的到站仓储方签订三方协议，明确该《销售合同》项下货物到指定收货地点后实行封闭保管，货物的提取只能接受丙方局面授权，其他提货凭据无效，并且相关的装卸、仓储费用由甲方承担。

第五条 甲、乙、丙三方约定甲、乙双方所签订的《鞍山钢铁股份有限公司产品销售合同》中收货单位、到货地点具有唯一性，未经丙方同意，其他两方不得办理收货单位、到货地点的变更与注销，同时《销售合同》必须列明：1. 订货人为甲方；2. 指定收货地点为____________；3. 指定收货单位为____________。

第六条 乙方于丙方银行承兑汇票出票日后50个工作日内，由于乙方原因丙方未能在指定地点收到乙方应按《销售合同》所发生全部或部分相应该笔银行承兑汇票价值货物（不可抗力除外），乙方应将相当于未发运钢材价值的款项直接退还丙方或划入丙方指定账户。

第七条 《销售合同》项下的货物在运输（铁路运输及水路运输）过程中，由乙方购买货物保险（货物运输综合险），在货物送达丙方指定的到站仓库前，因货物毁损造成丙方损失、由乙方负责获得保险公司赔付后转赔给丙方。由于货物运输保险免赔事项造成丙方的损失由甲方承担全部赔偿责任。

第八条 甲方保证《销售合同》项下货物到达指定到站仓库后（无论货物是一批到站还是分批到站），及时向丙方增补保证金，由丙方根据甲方补交金额量出具提货手续。

第九条 在货物到指定收货地点超过____个工作日后，甲方未赎回全部到站货物，乙方承担剩余货物的回购责任，丙方须在货物到指定收货地点第____个工作日后的10个工作日内将回购通知书送达乙方（回购通知书由乙方签收后即被视为送达），若丙方未能在规定时间内将回购通知书送达乙方，则乙方不承担剩余货物的回购责任。乙方在收到丙方的回购通知后经核实无误后应当以销售合同约定的价格（包括合同表面价格及乙方根据市场价格应运对甲方进行的价格调整部分，乙方保证将价格调整政策及时通知丙方）的70%承担回购责任。乙方在收到丙方的回购通知后经核实无误后10个工作日内将款项足额汇至丙方指定账户。丙方收到乙方回购款后，丙方将相应货物的所有权转移给乙方，由此引起的一系列装卸、仓储费用均由甲方承担，并且甲方自动放弃存在丙方的____保证金的回收权利；如乙方未承担回购责任，丙方除保留对乙方回购款的追索权外，同时还拥有对货物销售、拍卖和转让的权利。

第十条 甲方承诺其开票保证金项下的货物待补足全额保证金后方可提取。

第十一条 根据甲方的赎单、销售、资源分配情况，由乙方决定是否提前结束该协议，并以书面形式送达丙方。

第十二条 甲、乙、丙三方建立健全对账制度，定期联系制度、核对账务。

第十三条 本协议一式六份，甲、乙、丙三方各执两份作为履约依据，具有同等法律效力。

第十四条 本协议项下和本协议有关的一切争议，纠纷均由三方协商解决，协商不成的，任何一方均可以向各自所在地人民法院提起诉讼。如果违约，应赔偿守约方的债权本金、利息、罚息及实现债权的费用（包括诉讼费、律师费、差旅费等）。

第十五条 本协议自甲、乙、丙三方法定代表人或其授权代表签章并加盖公章之日起生效，有效期为一年；协议期满如任何一方在本协议或项下的义务仍未履行完毕的，则本协议的有效期自动延续至各自的权利、义务全部履行完毕之日止。

第十六条　其他约定事项：

1.《鞍山钢铁股份有限公司产品销售合同》的格式版本须经甲、乙、丙三方确认，并作为本协议的附件且不得更改。

2. 附印鉴章样本。

3. 回购通知书。

补充条款：

甲方：____________

法定代表人（授权代表）：____________

____年____月____日

乙方：____________

法定代表人（授权代表）：____________

____年____月____日

丙方：____________

法定代表人（授权代表）：____________

____年____月____日

预留印鉴

银行：

预留印鉴（公章、法人章）	预留授权人印鉴及签名	预留授权人身份证复印件
____年____月____日	____年____月____日	

经销商：

预留印鉴（公章、法人章）	预留授权人印鉴及签名	预留授权人身份证复印件
____年____月____日	____年____月____日	

生产商：

预留印鉴（公章、法人章）	预留授权人印鉴及签名	预留授权人身份证复印件
____年____月____日	____年____月____日	

回购通知书

编号：________

________________（生产商）：

按照____年____月____日签订的编号为：________的《银、企、商（企）合作协议》，截至____年____月____日，银行已开出质物变更通知书共计________（大写）份，对应钢材价值总金额为人民币大写：________元（小写：________）。还有对应价值金额为人民币大写：________元（小写：________）的钢材未提取。

根据上述《银、企、商（企）合作协议》的约定，请贵公司履行对应回购责任，将该笔资金汇入银行指定账户，账号：____________，户名：____________。

（银行公章）

法人代表（或授权代理人）：________

____年____月____日

注：本回购通知书一式两份，由生产商签收后，双方各执一份。

【案例2】　江西萍钢钢铁集团公司货押融资方案

一、企业基本情况

（一）企业简介

江西萍钢钢铁集团公司注册资本为12亿元，该公司为集体企业。主营业务：黑色金属钢铁冶炼、钢材轧制；炼焦化产品及炼钢副产品、工业氧气、液氧的生产、销售；煤气发供电、余热循环利用。该公司主要有焦化、烧结、炼铁、炼钢、轧钢、制氧和余热发电等一条龙配套设施，可生产线材、普线、碳结钢、合金钢和无缝管坯等产品，公司年产能达到330万吨。公司总资产达到61亿元，实现销售收入58.8亿元，净利润为5亿元。该公司主要的销售收入和利润均来源于钢材产品的生产和销售。

（二）企业经营及财务

公司经营设施居国内同行业先进水平，高炉炼铁转炉炼钢，连铸连轧，一火成材，现使用1 183立方米高炉。2007年，新上一座1 200立方米的高炉（超过1 200立方米的高炉省内只有济钢、莱钢），使钢铁产能达到330万吨。配有煤粉喷吹装置，2座120吨转炉，一台230立方米烧结机，同时焦炉、高炉、转炉配有煤气回收装置，LF/VD精炼炉全部配套，装备水平已全部达到国家规定的钢铁行业市场准入条件，年可产钢300多万吨。该公司总资产61亿元，资产负债率44.3%，销售收入达到58.8亿元，较上年增长16亿元；年利润总额达到7亿元，净利润5亿元。2011年随着公司第二座高炉的上马，其产能达到了330万吨。

（三）上下游主要供货商

1. 上游主要供货商

供货商名称	交易货物品种	上年交易金额（万元）	占企业总购买额比重（%）	合作年限（年）	备注
中化国际（控股）股份有限公司	铁矿粉	53 307	10.6	4	
瑞钢联集团有限公司	铁矿粉	48 345	9.6	6	
上海京熹实业有限公司	铁矿粉	42 366	8.4	4	

2. 下游主要客户

下游客户名称	交易货物品种	上年交易金额（万元）	占企业总销售额比重（%）	合作年限（年）	备注
临沂盛源无缝钢管公司	无缝管坯	48 619	8.3	7	
临沂金泽商贸有限公司	碳结钢、无缝管坯	28 505	4.8	13	
台州三协贸易有限公司	普线	22 243	3.8	6	

存货明细及存货周转情况：报存货 58 386 万元，主要是原材料 29 575 万元，产成品 7 740 万元，在产产品 19 254 万元，低值易耗品 1 816 万元。存货周转率 861%。

应收、应付账款明细及应收账款周转情况：应收账款 81 023 万元，主要是下游的供销公司的应收账款。应付账款 19 812 万元，主要是上游供应商的原料款。应收账款周转率 7.17%，与行业平均应收账款周转率持平。

二、银行提供的授信方案

（一）申请方案

企业：江西萍钢钢铁集团公司

质 物：铁矿粉

出质人：江西萍钢钢铁集团公司

业务模式：现货质押

授信品种：银行承兑汇票

供货方：中化国际（控股）股份有限公司、瑞钢联集团有限公司、中钢集团贸易公司等

货权形式：非标准仓单

仓库位置：位于江西萍钢钢铁集团公司厂区内

监管人：青州中储物流有限公司

监管模式：输出监管

监管合同及厂、商、银合作协议：银行标准合同

盯市渠道及取值方法：中华商务网（chinaccm.com）铁矿粉报价与发票价格孰低

保证金比例：50%

质押率：70%

赎货期：3~5个月

回购/担保安排：无回购担保

（二）货押业务方案流程描述

企业经营模式：企业将铁矿粉运到指定的仓库。

银行本次授信方案：授信品种为50%保证金的银行承兑汇票10 000万元，担保方式是现货质押。

具体操作流程：该项目采用动态质押模式，由银行根据授信风险敞口核定最低库存量，操作流程如下：

1. 企业将自有仓库储存的铁矿粉质押给银行，银行为质押物核定最低库存量。质押物由监管人进行输出监管。

2. 如果每次出库后的库存量不低于银行核定的最低库存量，企业可不必向银行申请，直接由监管人为其办理出库。

3. 企业每批新进的铁矿粉须进入质押库，由监管人核定库存总量。

4. 如当批出库后的铁矿粉的库存量低于银行核定的最低库存量，企业须先对差额进行补款，由银行货押中心核定新的最低库存量并出具出库单，由监管人根据出库单办理出库。

（三）质押货物情况

1. 货物描述。

（1）品种、规格、等级：铁矿砂，国外印矿、澳矿、巴西矿。

（2）生产厂家：SINOCHEM INTERNATIONAL（OVERSEAS）PTE LTD，GOLDEN SUCCESS（HONG KONG）LIMITED等。

（3）物理特性、包装及储藏条件：铁矿粉的化学性质很稳定，在常温下不易发生变化，所以对包装或储存条件没有什么特殊的要求。

（4）质量标准：外矿以进口商检证明为准。

2. 价格分析。

（1）近期市场供需状况。

宝钢与巴西有关公司就2008年度国际铁矿石基准价格达成一致。对此，商务部相关负责人指出，国家有关部门先后出台了一系列宏观调控政策，优化钢铁产业结构，加大淘汰落后产能力度，抑制钢铁产能的过快增长。同时，通过税收等政策抑制了钢铁产品出口的增长，自2007年6月以来钢材出口逐月回落。根据海关统计出口钢材 414 万吨，同比下降了 5.4%，且有进一步回落趋势。因此，铁矿石供求关系将进一步趋于平衡。

（2）市场价格。

市场价格获取渠道：中华商务网报价（每日更新）与发票价格孰低

2011 年以来国内铁矿石价格随着国际铁矿石的价格波动有所上涨。日益增长的需求成为国际商品牛市市场的主要推动者，特别是铁矿石供应短缺现象并没有根本改变，2008 年铁矿石价格还将有较大幅度增长。

（四）监管库情况

1. 仓库类型：露天仓库。

2. 仓库位置：企业厂区内。

3. 库容（仓储面积）：20 亩。

4. 经营资质：企业自有。

5. 作业能力：配有车辆（叉车、装载机等）、地磅 1 个、15 吨行车 5 个，传送带等。

6. 所有权人：江西萍钢钢铁集团公司所有，由监管机构租用。

7. 仓库分析：（储存条件、可否独立堆放、能否按要求承担出入库管理要求）该仓库是青州中储物流有限公司监管机构独立租用，仓库可以独立堆放，全机械化作业，由监管人委派专人 24 小时现场监管并安装监控设备进行 24 小时在线监控，储存条件优越，符合输出监管的要求。

（五）风险点及控制措施

1. 货物控制：采用动态质押方式。由银行根据授信风险敞口核定最低库存量，并由第三方公司承担监管责任，每日出具质物清单，以保证银行对质押物的有效控制和管理。当市场价格出现波动或者质物数量接近最低库存量时，应要求客户按时补充保证金或相应数量的货物，以保证银行授信资金的安全使用。

2. 质量控制：质押物属于铁矿粉，质量稳定，原则上不要求客户投保保险。

3. 其他管理措施：银行按盯市价格逐日计算动态质押率，质物价格下跌超过 5%，或质押率上升超过 10%，即要求企业补充保证金或质押货物。

【点评】中型钢铁制造厂商最适合提供动产融资，以钢厂自己持有的焦炭、铁矿石或钢材进行质押，银行提供动产融资。

立金银行培训名言

1. 客户经理有七德：一是不班门弄斧；二是不打断别人的话；三是不急于求成；四是提问要有针对性；五是解答要符合情理；六是谈话要有始有终；七是要立足于实际。

2. 应当是由银行寻找客户，而不是客户经理寻找客户。银行针对特定的客户形成了批量授信的营销方案，然后由客户经理对特定的目标客户开展、实施营销。银行如果是大脑，客户经理基本就变成了腿，大脑让客户经理去哪里，客户经理就直接去营销。

3. 一根火柴再亮，也只有豆大的光。但倘若用一根火柴去点燃一堆火柴，则会熊熊燃烧，银行行长就是那一根火柴，去点燃众多客户经理的热情吧。

4. 授信产品是银行产品“百花园”中的牡丹，为花中之王，对客户而言是雪中送炭。没有授信产品，其他产品很难销售。不懂得授信产品，客户经理就无法立足。

5. 客户经理最重要的是做人，“做人先于做事，做事可以赢得一时，做人可以赢得一世”。要让客户认同你的人品，必须记住，人品比黄金还宝贵。先成交人品，后成交产品。

6. 客户经理设计授信方案一定要记住，不要独立地提供授信产品，应当充分考虑产品的组合。不要将授信的还款来源设定为唯一来自企业的销售资金或其他银行，还可以加入本行的信贷资金来源。授信产品之间既考虑横向组合排序，同时也要考虑纵向组合排序，以后续的授信产品置换前期的授信产品，实现封闭自偿。

7. 企业使用银行授信产品可以按照客户产业链进行嵌入，上游企业首先提供授信产品，在授信产品到期的时候；对下游企业提供授信支持，封闭划转资金，实现对上游企业授信的封闭自偿。

8. 发放贷款的基本原则，首先在前面建一条大坝，堵住资金的洪流，然后再提供贷款。如果不建设大坝，资金将如洪水一般滔滔东流去。

9. 如果把银行比做一棵大树，那么业务是“叶”，管理是“枝”，体制是

“干”，文化是“根”，外部条件是“土壤”。

10. 这个世界没有所谓的怀才不遇，这个世界没有送给你的公平，公平需要你去抢，需要你自己用实力去争。

11. 审批人员绝不可以因为害怕承担责任而一味地枪毙项目，应当在促进银行业务发展和防范风险之间寻找平衡。银行业务没有发展是最大的风险。

12. 没有授信就没有存款，没有存款就没有贷款，没有贷款就没有利润。所以银行是授信立行。

13. 对大客户，发放一点点贷款，而没有结算流水，关系淡薄地就像一根缝衣绳子，不堪一拉。

14. 无论哪种审批业务操作模式，审批都是一种责任，都是为了在控制风险的前提下，更好地提升审批的效率；而绝非权力的分割。千万不要把审批权当成一种可以炫耀的权力。应当战战兢兢，如履薄冰般地承担职责，如同关心自己的命运一样谨慎。

15. “这个世界上只有两样东西能引起人内心深深的震动，一个是人头顶上灿烂的星空，一个是人心中崇高的道德准则。”人格的完善是本，存款是人格完善的结果。

16. 在银行工作，你要用金领的标准要求自己，用白领的收入安慰自己，用蓝领的强度训练自己。做事的时候奋不顾身，索取回报的时候看开一点。

17. 人生有时候就是一场龟兔的马拉松赛跑，乌龟未必不能跑过兔子。客户经理应该能耐住寂寞，认准银行这个目标行业，认准客户经理这个职业，静下心来研究银行的产品，你会成为这个行业的王中之王。

18. 世界上最宽广的是大海，比大海更宽广的是天空，比天空更宽广的是客户经理远大的志向。

19. 一流的银行营销“智慧”；二流的银行营销“标准”；三流的银行营销“服务”；四流的银行营销“概念”；五流的银行营销“产品”。

20. 丢了一个钉子，坏了一只铁蹄；坏了一只铁蹄，折了一匹马；折了一匹马，伤了一个骑士；伤了一个骑士，输了一场战斗；输了一场战斗，亡了一个国家。可见细节往往影响整个事件的成败。

21. 在商业银行工作必须高度关注细节。

立金银行培训励志故事

有一颗旺盛的进取心

客户经理必须具备的素质就是要有雄心壮志。进入银行的第一天就告诉自己，一定要做到最好。没有旺盛的进取心根本成不了优秀的客户经理。只希望过平庸的生活，满足现状的人成不了客户经理。

一、你要全身心投入工作，业绩与拜访量成正比

尽可能多拉客户，销售量与拜访量要成正比。“销售就是要制造与客户面对面、肩并肩地进行接触的机会，以便把商品或服务介绍给客户。”不要总是在办公室里待着，要去和客户泡在一起，去听听他们在说什么，在想什么，在做什么，要和客户成为一样的人。让客户认同你，接受你，愿意和你做生意。在家里，是不会卖出任何产品的。把自己当成商人，尽量增加你的客户。

尽量把时间花在事业上，一天十二小时，一星期六天是最低的要求。一天十四小时到十八小时平常。一星期工作八天最好了，你必须牺牲家庭的团聚和社会上的娱乐，直到事业站稳为止。

做客户经理注定要高速运转，你不能停下来，这是竞争使然。既然已经身在江湖，与其像无名小卒一样落寞，不如就立志在刀光剑影中成为一流高手，杀出一片江山。

本人的人生经历可以借鉴：大学毕业后，本人分配到国家机关工作。每到周五的时候，单位都会分鸡蛋，每个人都在认真地挑着，选大个的，然后高高兴兴地挂在自行车上回家去了。在国家机关工作了一年，落落寡欢，一个人形影相吊，孑然一身。实在忍受不了每日看报纸，喝喝茶的轻闲生活，尤其是工资过低，实在忍受不了每周比鸡蛋大小的表情，很清醒地认识到，在这里工作 20 年后，还会是这样，会老死在这个机关大院里。西方探险家约瑟夫洛克说“宁愿死在香格里拉的花丛中”，多美啊。而我呢，将死在这砖头水泥的碉堡里。

如果想过一种激动人心的生活，这里肯定不适合。宁愿死在川流不息的车流中，毫不犹豫地缴纳了大额的违约金，辞职进入了川流不息的江湖。应聘进入银行后，主动请缨，要做客户经理，不想坐在办公室里。从坐政府机关的干部变成了骑着自行车的银行客户经理，失去了保障，但是拥有了自由。虽然非常辛苦，但是每天都在笑着。到今天，都庆幸当年的这个决定，义无反顾的决定之下才有了今天，中国多了一个伟大的银行客户经理，有了今天光明的前程。今天，庞大的资产都是勤奋创造的，都是用自己的勤奋换来的，都是用自己创造的业绩换来的，我没有理由不勤奋。

做客户经理有刻骨铭心的感受。比如，喜欢换名片。看见别人换名片，就有一种冲动，想掏出自己的名片。

喜欢听数字。喜欢听见日均、时点这两个概念。本人出生在一个经济困难的家庭，兄妹三人。小时候家里不富裕，平时吃得很简单，只有每年三十的晚上，家里才做好一桌子的菜，晚上十二点还有饺子，算是改善生活。

结婚后，平时和妻子就两个人，应该算生活很好了。可是，到了三十晚上，还是要求妻子做一桌子的菜，还要包饺子。虽然根本吃不了，但是认为，“日均重要，时点也很重要”。

既然做了客户经理，就一直拉存款，让自己喜欢上数字游戏，就如同穿上红舞鞋，只要在台上，就一直跳到死。客户经理也疯狂。

力争做客户经理中的皇帝。

立金培训的客户经理都要有血性，做好公司业务必须有血性，喜欢血腥，要像一个鲨鱼，有高度的敏感，喜欢存款。哪里有存款，就会毫不犹豫地冲到哪里。

二、励志演绎自己的传奇故事

既然来到这个世界，就要有自己的梦想，就要打拼出一片天下，成就一番事业。每天你要对自己大喊，“要演绎自己的人生传奇”。一个人不会苦死，不会累死，只会窝囊死。客户经理应该变得很贪婪，一心想建功立业，要有进取心，希望成为人上人。在商业银行，只有每个人有了业绩才有一切。人生总得玩一次命。既然做了客户经理，就一定要做最好的。人不能没有野心，没有野心，就激发不起自己斗志，就不会有劲；没有劲，潜力就挖不出来。银行客户经理需要野心。客户经理必须时刻准备冲锋，使尽浑身招数去力争上游。记住，在银行江湖混这么多年，人总得当回老大，不能总是畏畏缩缩的。

这世界最宽广的是大海，比大海更宽广的是天空，比天空更宽广的是客户经理远大的志向。

各位应当庆幸自己在这个时代成为商业银行客户经理。生活在这个中国最伟大的时代，中国经济发展锐不可当，奔涌向前。历史上没有任何一个时候像今天的中国经济这样如此活跃，今天银行给了你这么多的机会，“江山如此多娇，引无数英雄竞折腰”，银行人可以在中国最广阔舞台上施展自己的才华，分享中国经济的伟大成长，个人一定要建功立业。

中国进入了可以赚到钱的时代，以往白手起家成为一名富翁需要一辈子，工薪族成为富翁就是一项不可能完成的任务。时代变了，尤其是在银行，你可以不是银行高管，但只要勤奋、有头脑就是你最大的本钱，这就足够了，成为一名伟大客户经理，你同样可以赢尽天下，赚得一点不比行长少。

相信在中国任何一家考核机制到位的银行，你如果有 3 亿元存款，应该和行长挣得一样多吧（说得还是分行行长），甚至还能超过，还不用操那么多心。有人说，3 亿元存款多难拉啊。如果你想赚钱、想出人头地，又嫌累，对不起，你不适合做客户经理，甚至不适合在银行干。懒人在哪里都是挣不到大钱的。

当然单纯业绩出色的客户经理也有劣势，虽然收入相当高，但是政治地位差些，不能像行长一样经常出席一些大场合，不能出门前呼后拥，不能经常给大家开个会、讲个话，发个奖牌什么的，你讲话没有人拿着本子很认真地记录，没有什么威风。

没有就没有，还乐得清闲呢，收入一点不比行长少。可以去打打球，骑骑马多好，数着银子是真的，自己偷着乐，务实低调更好啊。不过，如果你的存款真达到 3 亿元，如果再有一些管理能力，不提拔你才怪呢。无数银行把你当成了香饽饽，想挖墙脚。业绩出色肯定提拔，这是早晚的事。

如果你就想快快乐乐生活，不需要想应付存款、人事、安保这些无穷的杂事，不想像行长那样每天应付干不完的各项指标，应付开不完的各次会议，应付数不完的各类检查，应付喝不玩的各种酒局，不想像他们那样操碎了心，不想“三十岁的人，五十岁的肝”，“不想个人折旧提得太快”，干脆做个快快乐乐的客户经理好了，开着车到处兜风多爽。（笑）

今天你看见有很多人在演绎着人生的传奇。

成为优秀客户经理的第一素质是旺盛的进取心，一直在熊熊燃烧，永远不会熄灭。

热情，是一种动力。

热情是实现工作价值的最为有效的方式。如果一个客户经理只是为了薪水而工作，那么他的生活将陷入到平庸之中，很难有太大作为。而如果客户经理把工作看成一种获取珍贵经验、良好训练、表现才能的重要途径，把单调无味的日常工作，看成充满激情与成就感的事业，并在每天的任何一个工作的环节和细节上努力，你将天下无敌。

在工作之初就下定决心，一定要出色地完成每一项工作，绝不半途而废，有了这种热情，你的内心深处会时刻提醒自己，“这是要完成的一项工作，要追求尽善尽美”，“努力在各方面以主动、积极、热情的态度来做自己的工作，即便是最平凡的工作也能带给你成就感，并增加你的荣誉和物质财富”，全力以赴，绝不敷衍了事，永远保持良好的精神面貌。